Paul Zanker
DIE RÖMISCHE STADT

PAUL ZANKER

DIE RÖMISCHE STADT

Eine kurze Geschichte

C.H.BECK

Mit 80 Abbildungen

Dieses Buch erschien zuerst auf Italienisch unter dem Titel:
La città romana
Copyright © 2013, Gius. Laterza & Figli. All rights reserved

Für die deutsche Ausgabe:
© Verlag C.H.Beck oHG, München 2014
Satz: Fotosatz Amann, Memmingen
Druck und Bindung: Pustet, Regensburg
Gedruckt auf säurefreiem, alterungsbeständigem Papier
(hergestellt aus chlorfrei gebleichtem Zellstoff)
Printed in Germany
ISBN 978 3 406 66248 5

www.beck.de

INHALT

VORWORT 7

EINLEITUNG 9

I. ROM UND DIE RÖMISCHEN STÄDTE ZUR ZEIT DER REPUBLIK 11

1. Von den etruskischen Königen bis zum Bau der Servianischen Mauer im 4. Jahrhundert v. Chr. 11
2. Die *coloniae* entstehen mit der Eroberung Italiens 20
3. Rom wird zum Zentrum der Mittelmeerwelt 31
   a) Aquädukte, Tiberhafen, Lagerhäuser 32
   b) Das *Forum Romanum* 36
   c) Tempel als Siegesmonumente 40
4. Bauen als Machtanspruch: Pompeius und Caesar 44
5. Im Wohnen spiegelt sich die Gesellschaft 49
6. Nachruhm durch Grabmonumente in Rom und Italien 54
7. Städtekonkurrenz in der späten Republik 57

II. ROM IN DER KAISERZEIT 63

1. Das *Forum Romanum* wird zu einem Kaiserplatz 66
2. Die Kaiserfora 68
3. Bauten für das Volk 76
4. Bauten zur Unterhaltung der *plebs*: Theater, Circus und Amphitheater 80
5. Die Kaiserthermen 87

6. Die Präsenz der Kaiser im Stadtbild	90
7. Verbesserte Wohnungen	94
8. Veränderungen in der Grabkultur	96

III. DER AUSBAU DER STÄDTE IM KAISERREICH — 101

1. Das Zentrum der Städte: *capitolium* und *forum* mit Basilika	104
2. Die Theater als ideologielastige Stätten der Unterhaltung	110
3. Amphitheater – die bei Weitem beliebtesten Vergnügungsbauten	113
4. Circusbauten – eine Seltenheit	115
5. Die Thermen – der beliebteste öffentliche Bautyp	116
6. Gräber in der kaiserzeitlichen Stadt	117

IV. DIE VIELFÄLTIGEN STADTBILDER DER HOHEN KAISERZEIT — 119

1. Ostia	122
2. Tarraco/Tarragona	128
3. Thamugadi/Timgad	130
4. Thugga/Dougga	134
5. Leptis Magna	138
6. Trier	143
LITERATUR	147
BILDNACHWEIS	152
ORTSREGISTER	155

VORWORT

Dieses kleine Buch wurde für eine Reihe über die europäischen Städte geschrieben, die der italienische Verlag Laterza (Rom/Bari) veröffentlicht hat. Die Struktur und auch der knappe Umfang waren dabei vorgegeben. Da es bei dieser Reihe um die Geschichte der Städte in Europa ging, konzentriert sich mein Text auf das antike Rom und die von Rom aus gegründeten Städte im europäischen Westen des römischen Reiches sowie in den Provinzen im heutigen Nordafrika, also auf die lateinisch sprechende alte Welt. Die Städte im griechisch sprechenden Osten des Imperium Romanum, einschließlich des syrischen und ägyptischen Raumes, mit ihrer so bedeutenden Kultur konnten dagegen in diesem Rahmen nicht näher behandelt werden. Sie unterscheiden sich, von wenigen Ausnahmen abgesehen, in ihrer Struktur erheblich von den Städten im Westen und stehen in der Tradition der klassischen griechischen und hellenistischen Stadt.

Für die vom Verlag C.H.Beck eingerichtete deutsche Ausgabe konnte weitgehend mein originaler deutscher Text verwendet werden. Bei den Abbildungen hat der Verlag dankenswerterweise Verbesserungen und Erweiterungen ermöglicht.

Paul Zanker

EINLEITUNG

Wer von einer typisch «römischen Stadt» spricht, meint damit in der Regel eine streng gegliederte Rasterstadt, wie man sie überall in der westlichen Hälfte des ehemaligen Imperium Romanum findet. Charakteristisch für diese Städte sind ihre Lage an den von Rom ausgehenden Überlandstraßen und ihre klare Struktur mit zwei Hauptachsen (*cardo* und *decumanus*), die sich am zentral gelegenen Hauptplatz, dem *forum*, kreuzen. Viele dieser Städte wurden ab dem 4. Jahrhundert v. Chr. nach und nach als *coloniae* von Rom aus gegründet. Ihre Ruinen stehen mancherorts heute noch aufrecht und dienen nicht selten ihren neuzeitlichen Nachfolgestädten als Wahrzeichen.

Geht man von diesem Erscheinungsbild aus, dann ist Rom selbst beileibe keine typisch römische Stadt. Denn wie andere alte Städte Mittelitaliens war das antike Rom langsam gewachsen, mit unterschiedlichen Veränderungs- und Ausbauphasen, und daher strukturell vollkommen verschieden von den auf dem Reißbrett entworfenen Koloniestädten. Wenn Aulus Gellius (*Noctes Atticae* XVI, 13, 8 f.) im 2. Jahrhundert n. Chr. von den römischen *coloniae* als kleinen Abbildern Roms (*quasi effigies parvae simulacraque*) spricht, so hat er dabei denn auch nicht den Stadtplan Roms im Sinn, sondern explizit die Größe und Majestät des römischen Volkes (*propter amplitudinem maiestatemque populi Romani*), die politische und ideologische Zugehörigkeit der *coloniae* zu Rom und zum Imperium Romanum. Diese kam in allen römischen Städten auf überaus konkrete Weise in den Bautypen zum Ausdruck, in denen sich das politische und wirtschaftliche Leben abspielte und in deren Aufkommen und Veränderungen sich der politische und soziale Wandel der römischen Gesellschaft abzeichnet.

Denn trotz des fundamentalen Unterschiedes in ihrer Struktur waren die über Generationen hin nach dem gleichen Muster geplanten Rasterstädte in ihrer architektonischen Ausgestaltung in vieler Hinsicht von Rom abhängig. Dort entstanden die wichtigsten Typen der öffentlichen Gebäude, die dann in den Pflanzstädten von Britannien bis nach Nordafrika in der ganzen westlichen Hälfte des Imperium Romanum nachgeahmt wurden. Diese Gebäudetypen bestimmten nicht weniger als die Rasterstruktur das Erscheinungsbild einer römischen *colonia*. Gemeint ist vor allem das Forum mit seinen wichtigsten Bauten, in denen sich zur Zeit der Republik das politische und wirtschaftliche Leben der Stadt konzentrierte (Tempel, *curia*, *comitium*, *basilica*), später dann aber auch das Theater, die Arena, die Thermen und gelegentlich der Circus.

Dieser eigenartige Tatbestand empfiehlt es, die Konzeption dieser Bauten und deren Veränderungen in Rom und in den römischen Städten im Westen des Imperium Romanum getrennt voneinander zu betrachten. Zum römischen Reich gehörten aber auch die östlichen Provinzen – Griechenland, die vielen Griechenstädte in Kleinasien, die in der Kaiserzeit in voller Blüte standen, und nicht zuletzt Syrien, Ägypten und die Kyrenaika. Sie hatten ein eigenes, von den hellenistischen Städten geprägtes Erscheinungsbild. Diese können hier jedoch leider nicht eigens behandelt, sondern nur gelegentlich erwähnt werden, so sehr sie einen ganz wesentlichen Teil des Imperium Romanum ausmachten.

I.
ROM UND DIE RÖMISCHEN STÄDTE ZUR ZEIT DER REPUBLIK

1. Von den etruskischen Königen bis zum Bau der
Servianischen Mauer im 4. Jahrhundert v. Chr.

Als der römische Senat im Laufe des 4. Jahrhunderts v. Chr. mit der systematischen Unterwerfung und Eingliederung Italiens in seinen Machtbereich begann, war Rom bereits eine alte Stadt (Abb. 1). Für ihre Entstehung an der Tiberschleife in einem Gelände, das wegen der steil abfallenden Hügel und der sumpfigen Niederungen nicht besonders vorteilhaft war, spielten verschiedene Faktoren eine Rolle: der günstige Tiberübergang an der Insel, die Lage an der Grenze zwischen den Siedlungsgebieten der latinisch-sabinischen und der etruskischen Stämme sowie der Zugang zum Meer durch den Tiber. All das begünstigte Austausch und Handel. Der eigentliche Urbanisierungsprozess begann jedoch erst im Laufe des 7. Jahrhunderts v. Chr., als sich die Hüttensiedlungen auf den Hügeln zusammenschlossen. Damals wurde die sumpfige Niederung zwischen Palatin und Kapitol, in der man kleinere Nekropolen früherer Zeit gefunden hat, trockengelegt und aufgefüllt, so dass sich die Fläche nach und nach zum Zentrum für das politisch-religiöse Leben der Gemeinschaft entwickeln konnte. Über die tatsächlichen Anfänge der Stadt herrscht derzeit Uneinigkeit unter den Forschern. Der Grund dafür liegt in der unterschiedlichen Bewertung der in den berühmten Gründungslegenden um Romulus erzählten Geschichten und den bis ins 7. Jahrhundert v. Chr. hinein sehr spärlichen und nicht immer eindeutigen archäologischen Überresten. Entscheidend für das

Zusammenwachsen der Hüttendörfer auf den Hügeln war wohl die Herrschaft der etruskischen Könige, die mit der Vertreibung des letzten Königs Tarquinius Superbus 509 v. Chr. endete.

Für die Struktur des künftigen Stadtzentrums wurde der Verlauf der *Sacra Via* bestimmend, die vom Palatin über das sich nach und nach herausbildende *Forum Romanum* zum Kapitolshügel führte. Auf der rechten Seite des Forums bzw. der *Sacra Via* zweigten Wege zu den Wohnsiedlungen in der *Subura*, am Esquilin und auf dem Quirinal ab, auf der linken Seite unterhalb des Kapitols führte der *Vicus Iugarius* zum Tiberhafen und zum *Forum Boarium*. Das weit in die Zeit der Hügelsiedlungen zurückreichende archaische Wegenetz bestimmte zum Teil bis in die Spätantike hinein den Verkehr im Zentrum der Stadt und behinderte das Entstehen von großen Straßenachsen, die den Stadtkern mit den wichtigsten Ausfallstraßen hätten verbinden können.

Als Zentren des öffentlichen Raums gewannen zunächst das Forum, das Kapitol und das Gebiet um Hafen und Flussübergang ihren unterschiedlichen Funktionen entsprechend Gestalt. Dabei werden bereits Eigenarten der römischen Gesellschaft sichtbar, die auch künftige Römerstädte prägen sollten. Der kleinste und bis heute steilste der römischen Hügel, das *Capitolium*, eignete sich vorzüglich als eine Art Akropolis. Er war, wie man noch heute sehen kann, dreigeteilt: Zur Linken lag der Tempel der capitolinischen Trias – des Staatsgottes Jupiter Optimus Maximus, der Juno Regina und der Minerva –, zur Rechten die *Arx* mit dem Sitz der Auguren, dazwischen das angeblich schon von Romulus gegründete *Asylum*, das als Zufluchtsort eine wichtige Rolle in der auf schnellen Zuwachs an Wehrtüchtigen angewiesenen Stadt gespielt haben muss.

Am Forum lagen die politischen und die sakralen Räume zunächst direkt nebeneinander (Abb. 2). Sie waren nicht in eigenen Bezirken abgetrennt wie in den griechischen Städten, sondern unmittelbar mit dem täglichen Betrieb von Handel und Gewerbe, von Verwaltung und Justiz verbunden. Die *Regia*, das Amtsgebäude der Könige, und das Heiligtum der Vesta mit dem heiligen Feu-

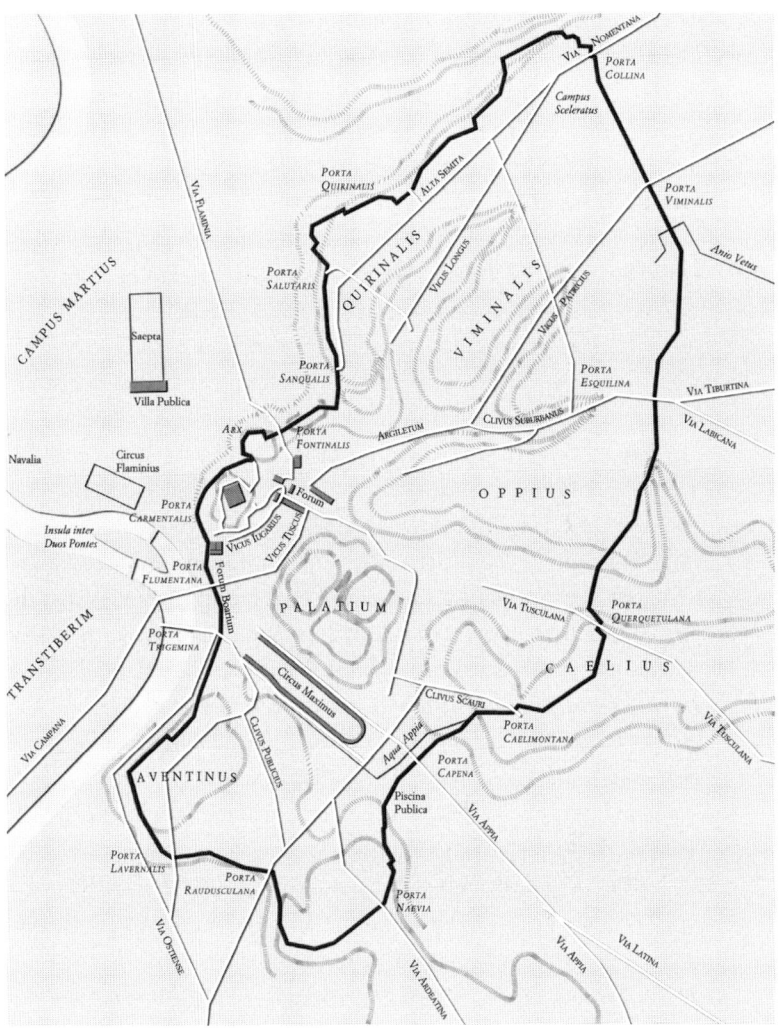

1 – Rom in republikanischer Zeit mit der Servianischen Mauer

er befanden sich an der westlichen Seite des Forums, das *Comitium*, der Versammlungsort des Volkes, und die *Curia*, der Versammlungsort des Senats, an der östlichen Seite. In der voneinander abgerückten Lage spiegelte sich schon in der frühen Zeit, dass der Römerstaat auf zwei Polen der Macht bzw. des politischen

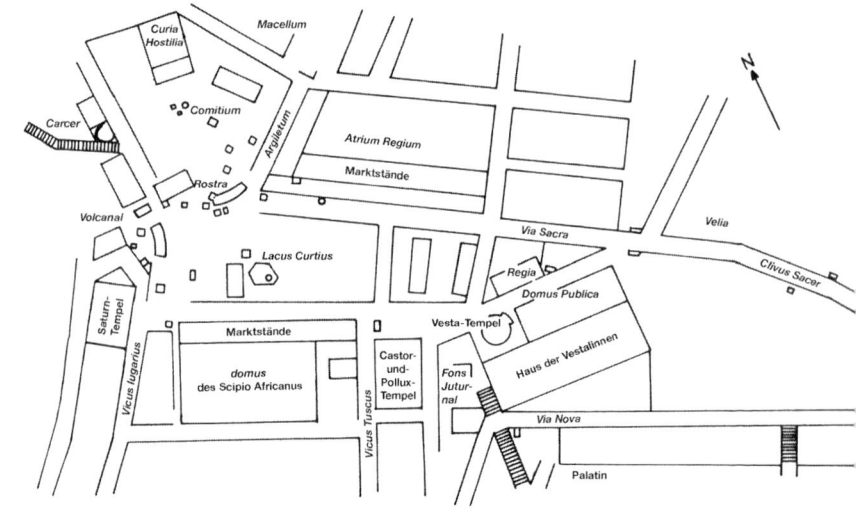

2 – Das *Forum Romanum* in republikanischer Zeit

Agierens ruhte, die man deutlich auseinanderhalten wollte. Entlang der *Sacra Via* waren uralte kleinere Heiligtümer aufgereiht, die dem Platz von Anfang an auch eine religiöse Prägung gaben. Die Bedeutung dieser «Heiligen Straße» ging weit über die einer Verkehrsachse hinaus, denn die Straße war selbst ein Monument und gab später als Kulisse bei großen Staatsritualen (wie z. B. Triumphen), bei Prozessionen an Götterfesten und bei Leichenfeiern der Selbstdarstellung des Römerstaates ein einzigartiges Gepräge.

Am *Forum Boarium*, dem dritten Zentrum der archaischen Stadt, entwickelte sich dagegen nach und nach zwischen Hafen und *Pons Sublicius* auf der einen und dem *Circus Maximus* auf der anderen Seite ein großflächiger Raum für Handel und Verkehr. Der Name *Forum Boarium* (Rindermarkt) verweist auf die frühe Funktion der Stadt als überregionaler Markt für die Siedlungen der Latiner im südlichen Latium. Daneben ermöglichte der Flusshafen den Fernhandel. Auch dieser lange unstrukturierte Raum mit weiten, später bebauten Lagerflächen war schon früh mit Kultorten wie der *Ara Maxima* für Hercules durchsetzt, die sich im Laufe der Jahrhunderte ständig vermehrten. Die frühesten gin-

3 – Tempel des Jupiter Optimus Maximus auf dem Kapitol. Reste der Mauern des Fundaments und Rekonstruktion des Tempels

gen offenbar weit zurück, was vor allem für den Kult des Hercules und das Heiligtum für Fortuna und Mater Matuta gilt.

Unter der Herrschaft der Könige aus der Dynastie der Tarquinier erlebte die junge Stadt im 6. Jahrhundert einen großen Aufschwung und Bevölkerungszuwachs. Die Kultur der latinischen Römer wurde durch die der Etrusker nachhaltig geprägt, vor allem in der Religion mit ihren komplizierten archaischen Ritualen. Die Könige kümmerten sich anscheinend besonders um die dank Handel und Landwirtschaft aufstrebenden mittleren Schichten der Bevölkerung.

Unter den letzten beiden Königen entstanden bereits wichtige öffentliche Bauten. Sie gaben der Stadt, die noch im späteren 7. Jahrhundert überwiegend aus ephemeren Hüttenbauten bestanden haben muss, ein neues Gesicht. Die drei bekanntesten Bauten wurden vielleicht schon damals mit dem Adjektiv *maximus* bezeichnet: die *Cloaca Maxima*, die vom Quirinal ausgehend das Forumsareal und die umliegenden Gebiete entwässerte und sich in den Tiber entleerte; sodann der für ein zahlreiches Volk angelegte *Circus Maximus*, der zunächst allerdings noch keine architektonische Gestaltung erfahren haben wird, und schließlich der bei Weitem anspruchsvollste Bau dieser Zeit, der Tempel des Jupiter Optimus Maximus auf dem Kapitolshügel. Er war über mehrere Generationen im Bau und soll von Tarquinius Superbus vollendet, aber erst nach dessen Vertreibung 509 v. Chr. eingeweiht worden sein. Wir kennen von ihm lediglich die enormen Substruktionen, nicht aber den Tempel selbst, so dass strittig bleibt, ob die zum Teil jetzt freigelegten Fundamente das großflächige Podium des Tempelplatzes trugen, auf dem ein wesentlich kleinerer Tempel mit reichem Terrakottaschmuck stand, oder ob es sich hier um das Tempelpodium selbst handelt (Abb. 3). Es war jedenfalls eine gewaltige Unternehmung, die enorme Mittel und große Scharen von Bauarbeitern voraussetzte. Was die Künstler angeht, so wird überliefert, dass Tarquinius Superbus Werkleute aus Etrurien nach Rom gerufen habe und dass das tönerne Kultbild und die Quadriga auf dem Giebel von einem Künstler aus Veji namens Vulca gefertigt worden seien.

Unternehmungen solchen Ausmaßes kennen wir sonst nur von den Tempeln und Altären der griechischen Tyrannen auf Sizilien, und meist blieben diese jahrhundertelang unvollendet. In jedem Fall sollte mit einem solchen Großbau ein weithin sichtbares Zeichen gesetzt werden. Rom beanspruchte eine Führungsrolle unter den latinischen Städten, indem es mit dem neuen Jupitertempel gleichsam ein Pendant zum Bundesheiligtum der Latiner auf dem Monte Albano errichtete. Auch wenn dieser Führungswille Roms erst ein Jahrhundert später virulent wurde, so bleibt doch zu vermuten, dass der über die Stadt hinausgreifende politische Anspruch, der in diesem Tempelbau zum Ausdruck kommt, schon auf die Königszeit zurückgeht.

Nach der Vertreibung der etruskischen Könige und der Etablierung eines republikanischen Staates nahmen die großen Aristokratenfamilien (Patrizier) das Heft in die Hand. An die Stelle der Könige traten jährlich wechselnde Magistrate, so dass die Ausübung der Macht unter den großen Familien aufgeteilt werden konnte. Veränderungen im Stadtbild bringen diese neuen Verhältnisse denn auch zum Ausdruck. Auf dem Forum werden zwei große, den Platz beherrschende Tempel gebaut: Der Saturntempel steht am Abhang des Kapitolshügels und ist dem Gott der Saaten und Felder und dem Begründer des Stammes der Latiner geweiht. Damit betonen die größten Landeigner die Bedeutung des Ackerbaus für die Stadt. Der zweite Tempel liegt am Abhang des Palatins und ist den Dioskuren Castor und Pollux geweiht. Sie waren die mächtigen Schlachthelfer der Römer und als Reiter die Schutzpatrone der Aristokraten, die mit ihrer Reiterei die entscheidende Kraft des römischen Heeres darstellten. Mit den beiden Tempeln gab die junge Republik dem Forum ein neues Gesicht (Abb. 2).

Auch die unlängst ausgegrabenen großen Häuser am Abhang des Palatins mit Front zur *Sacra Via* gehen in ihren ältesten Schichten auf das 6. Jahrhundert zurück. Mit Recht sieht man in ihnen Häuser von Aristokratenfamilien. Sie zeigen, wie diese Familien ihre staatsbeherrschende Rolle auch durch ihre Häuser zum Ausdruck zu bringen suchten. Zum einen wollten sie möglichst sichtbar und nahe dem politisch-gesellschaftlichen Zentrum wohnen, ein Charakteristikum, das auch in anderen Römerstädten der republikanischen Zeit zu beobachten ist. Zum anderen führt die «Offenheit» ihrer Häuser zur Straße hin und die später weiterentwickelte Funktion und Größe ihrer *atria* als Orte der Kommunikation zwischen dem Hausherrn und seinen Klienten den politischen Anspruch der Patrizierfamilien vor Augen. Dazu kamen später Rituale im öffentlichen Raum wie das Auftreten der Senatoren mit ihren Klienten, deren Zahl den jeweiligen Anspruch ablesbar machte, oder die Leichenzüge, in denen die Magistrate, welche die Familien im Laufe der Zeit hervorgebracht hatten, die Verdienste der *gens* für den Staat propagierten – um nur die beiden aufwendigsten und sichtbarsten Rituale zu nennen.

Das 5. und 4. Jahrhundert war eine schwierige Zeit voller Herausforderungen, Rückschläge und Katastrophen. Die Einfälle der Äquer und Volsker in Latium zwangen Rom und die latinischen Städte zu gemeinsamer Kriegsführung. Das hatte einen engeren, wenn auch fragilen Bund unter Führung Roms zur Folge. Gegen die etruskischen Städte im Norden dagegen stand Rom allein, vor allem in seinem langwierigen Kampf mit dem mächtigen, nur 20 Kilometer entfernten Veji, bei dem die Existenz Roms mehrfach auf dem Spiel stand. Nach der völligen Vernichtung der etruskischen Stadt 396 v. Chr. zog Rom das gesamte Territorium ein, wodurch sich sein Gebiet auf ca. 1500 Quadratkilometer verdoppelte. Zu den ständigen Kriegen kamen schwere Hungersnöte und Seuchen, die zu einem Rückgang der Bevölkerung führten. Der Tempel für Apollo Medicus am Abhang des Kapitols verdankt seinen Ursprung der Pest der Jahre um 430. Wenige Jahre nach der endgültigen Niederwerfung von Veji unterlag die erschöpfte römische Armee einem Heer der durch Italien ziehenden Gallierstämme, die daraufhin sogar Rom selbst einnahmen und plünderten.

Als Reaktion auf diese Katastrophe errichtete man nach 378 v. Chr. die Servianische Mauer. Sie war nicht weniger als elf Kilometer lang. Benannt ist sie nach dem König Servius Tullius (ca. 578–535 v. Chr.), vielleicht sogar zu Recht, denn sie folgt teilweise einer früheren Mauer, die ins 6. Jahrhundert v. Chr. zurückzugehen scheint (Abb. 4). Sie schloss die bekannten sieben Hügel mit ihren Wohngebieten ein, nicht aber das Marsfeld, den *Campus Martius*, der außerhalb der Servianischen Mauer lag.

Die Ausweitung des politischen Raumes auf den *Campus Martius* war vermutlich die zukunftsträchtigste urbanistische Aktivität der frühen Republik (Abb. 1). Das im Tiberbogen gelegene Gelände, das bis zur neuzeitlichen Regulierung des Flusses immer wieder von Überschwemmungen heimgesucht wurde, war nach dem Sturz der Monarchie in Staatsbesitz übergegangen. Es bot sich vor allem zur Verwendung für das Heer an, weil es außerhalb des *pomerium* lag, der auf die Etrusker zurückgehenden sakralrechtlichen Begrenzung der Stadt, die von Bewaffneten nicht überschritten werden durfte. Siegreiche Heere konnten dort mit ihren Feldherren lagern, bis der Senat den Triumphzug gebilligt hatte. Die Neuordnung des Heeres nach Besitz (und nicht mehr nach Geburt) hatte zwangsläufig den Anspruch der Plebejer auf Teilhabe an der Politik zur Folge. Ein erster Schritt dazu war die Einfüh-

4 – Reste der Servianischen Mauer bei der *Stazione Termini*

rung der Heeresversammlungen als Volksversammlungen, und diese fanden auf dem Marsfeld auf einem eingegrenzten Platz, den *Saepta*, statt. Für die Führungsschicht hatte diese Lösung den Vorteil, dass das Forum den nach den alten Stammesverbänden gegliederten Versammlungen (*comitia tributa*) vorbehalten bleiben konnte. Neben militärischen Ritualen verschiedenster Art fanden auf dem *Campus Martius* auch Musterungen und Steuerschätzungen für den Militärdienst statt. Später entstanden hier zusammen mit den Heiligtümern, die siegreiche Feldherren aus der Beute errichteten, auch große Räume für das Volk.

Nach Errichtung der Servianischen Mauer um die Mitte des 4. Jahrhunderts war das Stadtgebiet Roms das größte in Italien, übertroffen nur von den großen Griechenstädten in Süditalien und in Sizilien. Die Stadtteile hatten zu diesem Zeitpunkt bereits ihre eigene soziale und funktionale Physiognomie entwickelt. Den Palatin mit seinen Abhängen bis zum Forum hin dominierten die alten Familien. Der Aventin mit seinen überwiegend fremden Kulten (Diana, Ceres, Mercurius) und die *Subura* waren das Gebiet des Volkes, der *plebs*. Auf dem *Capitolium* thronte der Staatsgott, das Zentrum des Handels lag am *Forum Boarium*, und das Marsfeld gehörte dem Heer. Das bedeutet freilich nicht, dass jede Schicht für sich gewohnt hätte. Im Gegenteil, Wohnungen der einfachen Bevölkerung fanden sich fast überall zwischen den Häusern der Großen und Wohlhabenden, wie wir noch sehen werden.

2. Die *coloniae* entstehen mit der Eroberung Italiens

Mit der schrittweisen Einverleibung Italiens beginnt die Entwicklung Roms zur Großstadt und zum Zentrum des Imperium Romanum. Aus der um seine Existenz kämpfenden Stadt wird ab der zweiten Hälfte des 4. Jahrhunderts ein Staat, der eine systematische Annektionspolitik betreibt. Sie beginnt mit der endgültigen Unterwerfung Latiums (340–338 v. Chr.) und den mit äußerster Härte geführten Kriegen gegen die Samniten und die mit diesen verbündeten mittelitalischen Bergvölker (326–290 v. Chr.). Dann gerät Apulien unter römische Herrschaft, was wiederum zum Krieg mit Tarent führt, das sich erfolglos mit König Pyrrhus von Epirus verbündet hatte (282–272 v. Chr.). Zur gleichen Zeit setzt sich Rom im Norden gegen die mit etruskischen Städten verbündeten Keltenstämme durch. Später, nach einem erneuten Einfall der Kelten, kommt die fruchtbare Poebene unter römische Herrschaft (222 v. Chr.). Das römische Heer mit seinen Verbündeten verfügt im Jahr 275 v. Chr. einem Aushebungsverzeichnis zufolge bereits über die größte Armee des Mittelmeerraumes (700 000 Fußsoldaten und 70 000 Reiter) – eine erstaunliche Veränderung nur 100 Jahre nach der Einnahme der Stadt durch die Gallier!

Die eroberten Gebiete werden systematisch durch feste Überlandstraßen erschlossen und mit Rom verbunden (Abb. 5). Die Straßen tragen die Namen berühmter römischer Adelsfamilien, deren Mitglieder ihren Bau als Magistrate in die Wege geleitet hatten. Die erste war die *Via Appia*, benannt nach dem berühmten Appius Claudius Caecus, der auch die erste Wasserleitung nach Rom, die *Aqua Claudia*, bauen ließ. Die *Via Appia* führte zu-

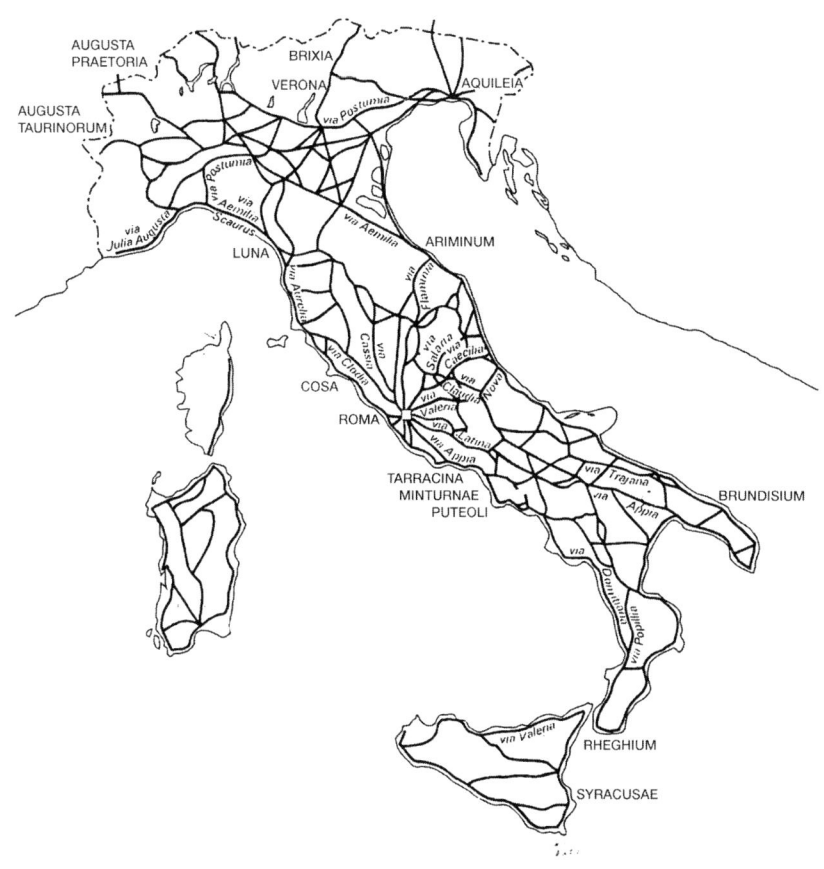

5 – Die Überlandstraßen im Italien der römischen Zeit

nächst 312 von Rom nach Capua, später bis Benevent, Tarent und Brindisi mit seinem Hafen, wobei die Verlängerungen jeweils den Fortschritten in der Eroberung des Landes entsprachen. Andere berühmte Straßen führten in den Norden, darunter die *Via Aurelia* am Tyrrhenischen Meer entlang nach Genua und später nach Gallien sowie die *Via Flaminia* zur Adria und zur Hafenstadt Ariminum (Rimini).

2. Die *coloniae* entstehen mit der Eroberung Italiens

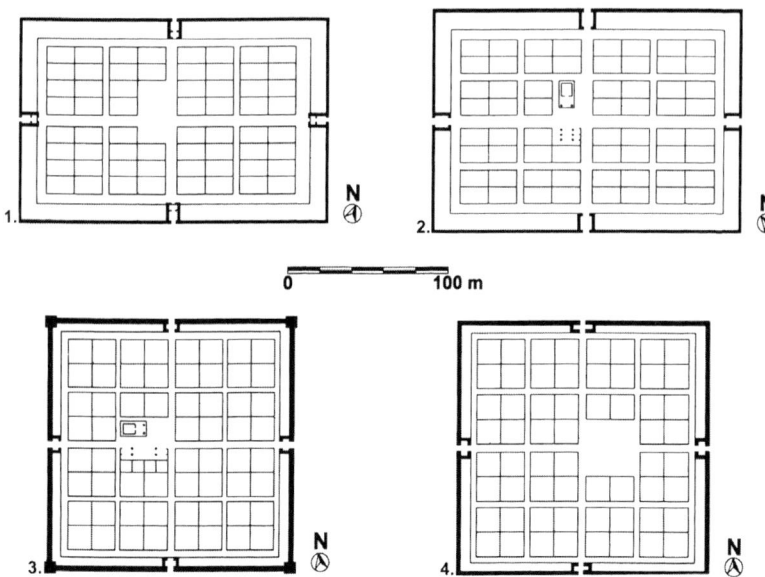

6 – Frühe römische *coloniae* an der Küste: 1. Ostia, 2. Tarracina, 3. Minturnae, 4. Puteoli (Rekonstruktion nach H. von Hesberg)

Das neu erworbene Territorium wurde durch Gründung von *coloniae* gesichert. Dabei erwiesen sich die frühen, dem Meer entlang gebauten *coloniae romanae* für die Ausbildung der typisch römischen Musterstadt als vorbildhaft. Es waren dies zunächst Siedlungen mit nur wenigen römischen Bürgern (300 Familien). Diese blieben auch in den *coloniae romanae* römische Bürger, das heißt, sie konnten ihre politischen Rechte nur in Rom ausüben. Demgegenüber waren die erheblich größer angelegten *coloniae latinae*, in denen Bürger der mit Rom verbündeten Städte zusammen mit Römern angesiedelt wurden, selbständige Städte, die freilich mit Rom eng verbunden bzw. von Rom abhängig und auch zum Heeresdienst verpflichtet waren. Während die *coloniae latinae* je nach Terrain sehr unterschiedliche Strukturen aufweisen, folgen die *coloniae romanae* einem gleich bleibenden Plan (Abb. 6). Die frühesten *coloniae* dieser Art liegen entlang der Küste Latiums, darunter Ostia (ca. 380 v. Chr), Antium (338 v. Chr.), Tarracina (329 v. Chr.), Min-

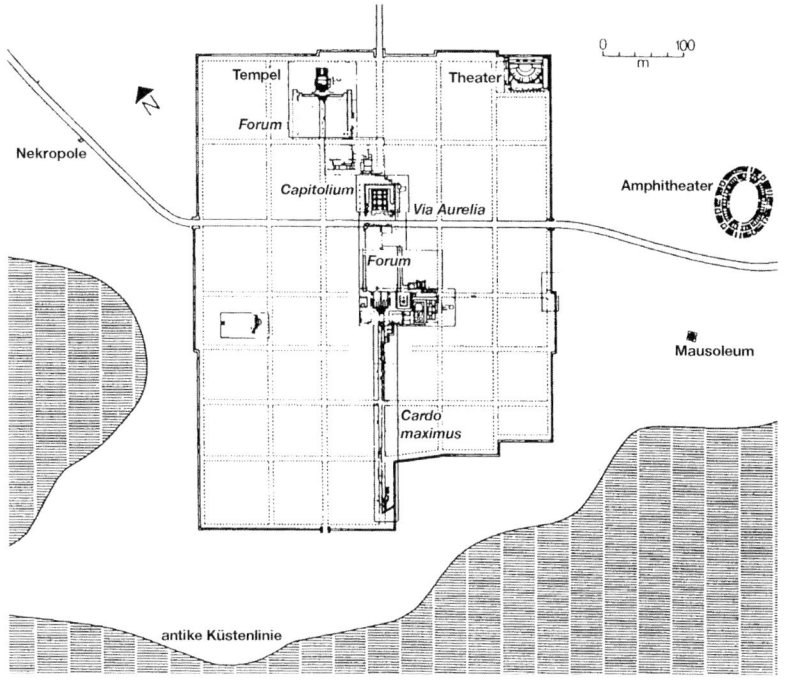

7 – Luna/Luni mit der *Via Aurelia*

turnae (296 v. Chr.) und Pyrgi (264 v. Chr.). Da diese Bürgerkolonien alle nach dem gleichen Planschema gestaltet sind, dürfen wir ein in Rom formuliertes und vom Senat approbiertes Grundkonzept annehmen, nach dem diese zunächst sehr klein gehaltenen Außenstellen eingerichtet werden sollten.

Dieser Umstand ist für den Historiker besonders wertvoll, weil er Aufschluss über die Vorstellungen des Senats über die Gestaltung von Raum und Territorium gibt. Entsprechend der geringen Größe der frühen *coloniae* brauchte man nur ein rudimentäres Grundkonzept. Dieses zeichnete sich durch ein streng axialsymmetrisches Straßenraster mit zwei Hauptachsen, *cardo* und *decumanus*, sowie durch weitere Eigenschaften aus (Abb. 7): Zum einen lagen die neuen Städte nicht nur *an*, sondern mit ihrer Achse geradezu *auf* den römischen Fernstraßen, waren auf diesen also

2. Die *coloniae* entstehen mit der Eroberung Italiens

gleichsam «aufgefädelt». Zum andern befanden sich *capitolium* und *forum* an der Stelle, an der *cardo* und *decumanus* aufeinanderstießen. Auch die später in Italien und in den westlichen Provinzen so oft anzutreffende direkte Ausrichtung des *capitolium* auf den Hauptplatz der Stadt war in dem frühen Modell bereits angelegt. Dieses Grundkonzept wurde bei den folgenden römischen Stadtgründungen in aller Regel übernommen, allerdings mit vielen Varianten entsprechend den jeweiligen topographischen Voraussetzungen. So nahm man etwa Anpassungen an unebenes oder hügeliges Gelände vor, oder man berücksichtigte eine bereits vorhandene Stadtstruktur.

Bis ins 3. Jahrhundert v. Chr. hinein wurden die *coloniae romanae* wie die *coloniae latinae* primär an strategischen Punkten zur Sicherung des Terrains und der Verbindungswege gegründet. Ein gutes Beispiel dafür ist Alba Fucens. Es entstand mit 6000 Siedlern nach dem Ende des zweiten Krieges gegen die Samniten und ihre Verbündeten und nach der weitgehenden Vernichtung des Stammes der Äquer im Appenin zur Sicherung des Zugangs zur Adria und nach dem Süden. Im Gegensatz dazu dienten die nach den Keltenkriegen im Norden gegründeten *coloniae* vor allem der Romanisierung, das heißt der Urbanisierung und Bebauung des neu gewonnenen Landes. Die meisten dieser Städte liegen in der Poebene an den großen Verkehrsachsen: an der *Via Flaminia* zum Beispiel Sena Gallica (283 v. Chr.) und Ariminum (268 v. Chr.), an der *Via Aemilia* Städte wie Bononia (189 v. Chr.), Parma (183 v. Chr.) und Piacentia (218 v. Chr.), an der *Via Aurelia* Cosa (273 v. Chr.) und Luna (177 v. Chr.). Dabei bietet Luna ein schönes Beispiel für die Auffädelung einer Stadt auf der *Via Aurelia*, die hier vom Osttor als *decumanus* direkt auf das Zentrum zuläuft und dieses zwischen Kapitol und Forum durchquert, während der *cardo* vom Westen auf das Forum zuführt und dort endet (Abb. 7).

Seit Marius (157–86 v. Chr.) und Sulla (ca. 138–78 v. Chr.) dienten die Kolonien dann weniger der strategischen Sicherung oder der Kultivierung des eroberten Landes als der Versorgung der Veteranen aus den großen Armeen. Am vollkommensten ausgeprägt

8 – Verona mit der *Via Postumia* und der Kartierung von Häuserresten

findet man den vergrößerten Typus der Musterstadt in den von Caesar und Augustus gegründeten *coloniae* in Norditalien, in den beiden Gallien und in Spanien. Als gute italische Beispiele können Augusta Praetoria (Aosta) oder Verona (Abb. 8) dienen. Letzteres zeigt exemplarisch, wie die Stadtplaner das Rasternetz der Straßen oft auch ohne die geringsten Abweichungen vom System oder Konzessionen an das vorgegebene Gelände angelegt, in nicht seltenen Fällen diesem sogar regelrecht aufgezwungen haben. Die *Via Postumia* läuft in Verona, das auf einer von der Etsch gebildeten Landzunge gegründet wurde, schnurgerade durch die Stadt auf eine Brücke zu. Dabei überquert sie die westliche Schmalseite des *forum* direkt unterhalb des *capitolium*.

In der Struktur der neu gegründeten Städte kommen vor allem bei flachem Terrain neben praktischen Überlegungen von Anfang an auch eindeutig ideologisch geprägte Vorstellungen zum Ausdruck. Die die Stadt durchquerende Fernstraße zeigt die Zugehörigkeit zu einem größeren Ganzen an. Dasselbe gilt für die zentrale Position der Kapitolstempel, die die Städte mit Jupiter Optimus Maximus verbinden. Die neuen Städte wurden so eindeutig als zu Rom gehörig definiert und stellten sich Einheimischen und Durchreisenden auch so dar. Gerade in der frühen Zeit muss diese neuartige und dank der vielfachen Wiederholung sehr einprägsame Form der Stadtanlage auch im Sinne einer Botschaft verstanden worden sein. Zum einen sprach sie vom politischen Willen Roms, den entsprechenden Landstrich dauerhaft in Besitz zu nehmen, für sichere Straßen zu sorgen und das Land systematisch zu besiedeln und, wo möglich, als Ackerland zu erschließen. Zum anderen brachte sie aber auch das Selbstverständnis der Siedler und deren unmittelbare Zugehörigkeit zur *res publica Romana* zum Ausdruck. Gleichzeitig wurde durch die zentrale Lage des *capitolium* die *pietas* dem höchsten Staatskult gegenüber herausgestellt.

Die Ausrichtung des Forums auf das Kapitol, wie man sie in vielen Städten findet, basiert auf denselben staatspolitischen Werten. An der dominierenden Position des *capitolium* wird deutlich, dass die konsequente Raumordnung des neuen Stadtmodells eine rigorose Folge für die Heiligtümer hatte. Sie führte zwar nicht zum Ausschluss oder zur Verdrängung anderer Kulte in dezentrale Lagen; doch die Vielfalt der Heiligtümer mit ihren jeweils eigenen Räumen und Prägungen, wie sie für die Stadt Rom noch so charakteristisch ist, findet man in den neuen Städten nicht mehr. Wie

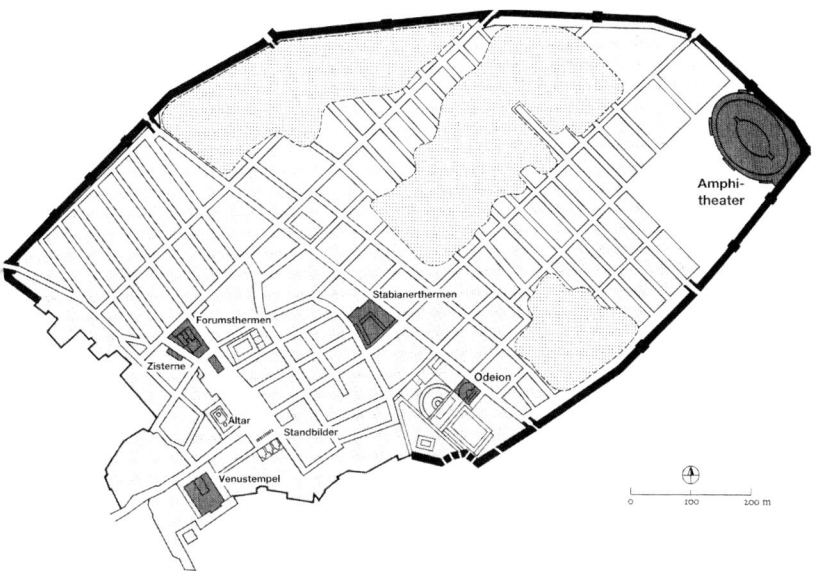

9 – Pompeji nach der Gründung der *colonia* um 80 v. Chr. Die damals neu errichteten Bauten sind dunkel schraffiert.

schwierig es war, die erst nach der Herausbildung des Musterstadt-Typus in Rom entstandenen Typen öffentlicher Bauten wie vor allem Theater, Amphitheater und Thermen in die Koloniestädte zu integrieren, werden wir später noch sehen.

Nicht alle Koloniestädte waren Neugründungen, in denen nur Siedler lebten. Oft wurde eine *colonia* in einer bereits existierenden Stadt eingerichtet. Das führte dann zu einem nicht immer friedlichen Nebeneinander von Kolonisten und alteingesessenen Bewohnern, wie man am Fall der sullanischen *colonia* von Pompeji zeigen kann (Abb. 9). Hier trafen die Siedler auf eine Bevölkerung mit einer hochentwickelten hellenistischen Kultur: Die Stadt verfügte im 2. Jahrhundert v. Chr. bereits über ein Theater, eine den griechischen Gymnasien ähnliche Sportanlage, öffentliche Thermen und reich ausgestattete Häuser, die auf verfeinerte Lebensformen schließen lassen, wie sie den überwiegend sehr einfachen Kolonisten eher fremd gewesen sein dürften. Auch in der alten Griechenstadt Poseidonia (Paestum) mit ihren mächtigen alten Tempeln vermochten sich die Kolonisten offenbar nur mühsam Raum zu verschaffen, worauf die verhältnismäßig kleinen Dimensionen des Forums und der angrenzenden Kolonistenbauten hindeuten.

Während in Pompeji und Poseidonia die römischen Siedler ihr Gemeinwesen *innerhalb* einer bereits bestehenden Stadt begründeten, gab es auch Fälle, in denen es zu einem *Nebeneinander* der römischen Gründung und der schon vorhandenen Stadt kam, so in Emporiae/Ampurias (Abb. 10) an der spanischen Küste nicht weit vom heutigen Gerona. Die römische Stadt entwickelte sich ab dem frühen 2. Jahrhundert v. Chr. aus einem Lager. Mit einem weit ausgelegten, rechteckigen Mauerring und einem großen Bezirk, der das Kapitol und das Forum umfasste, lag sie geradezu bedrohlich über der relativ kleinen alten griechischen Hafenstadt. Später, nachdem Caesar eine Veteranenkolonie in die Stadt gelegt hatte, wuchsen die beiden Städte langsam zusammen, stagnierten jedoch bereits in der zweiten Hälfte des 1. Jahrhunderts n. Chr.

Bei der Gründung einer *colonia* mussten die neu angesiedelten Kolonisten in der Regel mit Land versorgt werden. Deshalb musste das umliegende Staatsland, das der *colonia* bei dem Gründungsbeschluss zugeteilt wurde, vermessen und unter die Siedler verteilt werden. Moderne Forschungsinstrumente, vor allem Luftbildaufnahmen, haben in den letzten Jahrzehnten unsere Kenntnisse über die noch sichtbaren Spuren dieser *centuriatio* oder *limitatio* des Territoriums in hohem Maße verbessert. Wir können daher in einigen Gebieten eine sehr weit gehende Vorstellung davon gewinnen, wie vollständig die Römer bei der Landnahme das gesamte Territorium einer rigorosen, abstrakten Ordnung und Aufteilung unterwarfen. In der Poebene entlang der *Via Aemilia* zum Beispiel kann man noch gut nachvollziehen, in welch umfassender Weise die Landnahme der Römer die Landschaft neu geprägt hat (Abb. 11).

Der Aufteilung des einer *colonia* zugewiesenen Landes lag jeweils ein Gesamtplan zugrunde, bei dem man das Gemeindeland

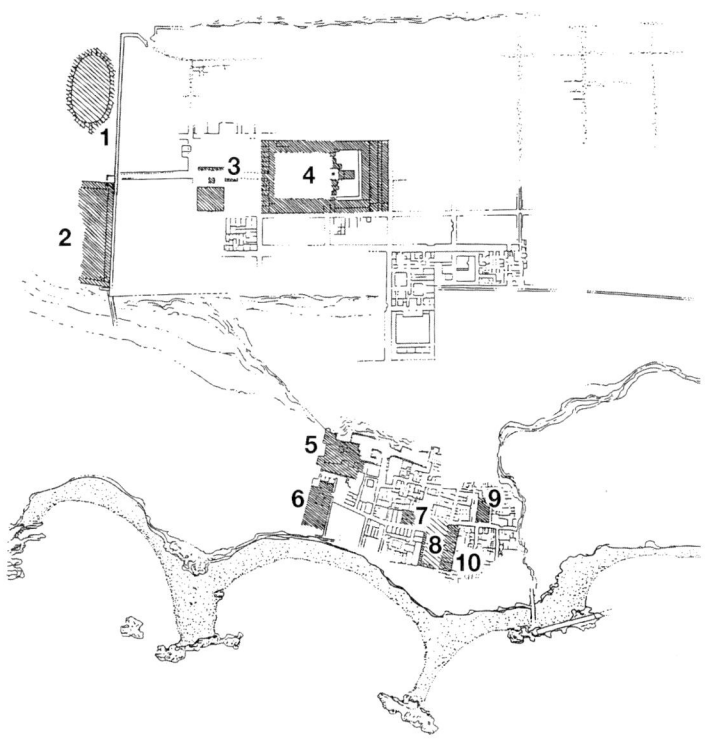

(Weideland, Wald, eventuelle Reservate für einheimische Bevölkerungsteile etc.) gegen das zu verteilende Ackerland abgrenzte. Letzteres wurde dann bei der *centuriatio* in gleich große Anteile aufgeteilt. Mit der Zeit wurden diese Anteile immer reichlicher bemessen und erreichten eine Größe von bis zu 200 *iugera* (= 50 Hektar) in den augusteischen Ve-

10 – Emporiae/Ampurias
oben: die neue römische Stadt,
unten: die alte griechische Stadt am Hafen
1 Amphitheater, 2 Palästra,
3 großer Platz, 4 Forum,
5 Heiligtum des Äskulap (Asklepieion), 6 Heiligtum ägyptischer Gottheiten, 8 Agora, 10 Basilikathermen

teranenkolonien. Die Flurstücke (Portionen) wurden dabei ebenso wie die Städte selbst mittels eines *cardo* und eines *decumanus* gegliedert. Das ermöglichte die klare Ordnung und Bezeichnung der einzelnen Flächenanteile wie des gesamten Katasters, der auf Bronzetafeln in der Stadt einsehbar

2. Die *coloniae* entstehen mit der Eroberung Italiens 29

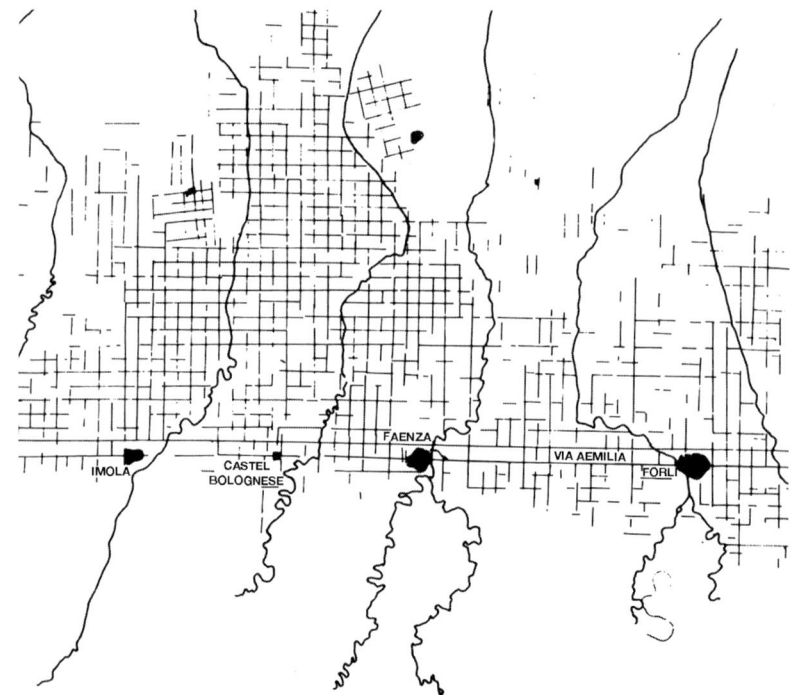

11 – *Centuriatio* entlang der Via Aemilia im Gebiet Imola-Forlì

war und bei Steuererhebungen, Streitigkeiten und Ähnlichem mehr zugrunde gelegt werden konnte. Wo das möglich war, wurden die Achsen des so vermessenen und aufgeteilten Landes nach der zur Stadt hin führenden Fernstraße ausgerichtet und in deren verlängertes Achsensystem eingebunden, so dass sie zum Schluss in den *decumanus maximus* der Stadt münden konnten. Häufig verhinderten freilich Berge, Flüsse oder andere natürliche Hindernisse eine solche in der Sprache der Landvermesser *ratio pulcherrima* genannte Lösung.

3. Rom wird zum Zentrum der Mittelmeerwelt

Mit dem Blick auf die von Rom aus gegründeten *coloniae* sind wir der Zeit weit vorausgeeilt und müssen nun wieder auf Rom selbst schauen, das im 3. und 2. Jahrhundert v. Chr. in allen Bereichen enorme Veränderungen erfuhr. Die Ausdehnung des Imperium Romanum über den größten Teil des Mittelmeerraumes veränderte nicht nur die politischen und sozialen Strukturen der alten Stadtrepublik, sondern auch die Lebensformen und den kulturellen Habitus der Bevölkerung von Grund auf. Am Anfang stehen die beiden Punischen Kriege gegen Karthago, in denen die Existenz der Stadt zum letzten Mal ernsthaft gefährdet ist (264–241 und 218–202 v. Chr.). In der Folge werden die zeitweiligen Verbündeten Karthagos, die unteritalischen Griechenstädte, Teile Spaniens sowie Sizilien und Sardinien – Letztere als erste *provincia* – dem Imperium einverleibt. Es folgen die Kriege und Siege über die makedonischen Könige Philipp V. (194 v. Chr.) und Perseus (171–168 v. Chr.). Im Triumphzug des Aemilius Paullus nach dem Sieg über Letzteren sollen neben vielem anderen nicht weniger als 250 Wagenladungen griechischer Kunstwerke mitgeführt worden sein. Ähnliches wird schon vom Triumph des Claudius Marcellus nach der Eroberung von Syrakus 212 v. Chr. berichtet. In der Folgezeit kommt es zu militärischen Eingriffen Roms aufgrund von Hilfsgesuchen griechischer Städte wie in Illyrien oder aufgrund von Verträgen wie mit dem Königreich Pergamon, das 133 v. Chr. von seinem letzten König sogar den Römern «vermacht» wird. Mit der gewaltigen Expansion des Imperiums fließen enorme Reichtümer nach Rom, aber auch zu seinen italischen Bundesgenossen, und das nicht nur durch Beute und Steuern, sondern längerfristig vor allem durch den Handel. Denn Rom wird im 2. Jahrhundert v. Chr. das politische und ökonomische Zentrum der hellenistischen Welt.

Der Staat war inzwischen so reich geworden, dass er es sich leisten konnte, seinen Bürgern völlige Steuerfreiheit zu gewähren. Aber das urbane Erscheinungsbild der Stadt entsprach noch in keiner Weise der errungenen Vormachtstellung. Rom bot mit seinen engen Straßen und seinen archaischen Tempeln mit hölzernen Säulen und Terrakottaschmuck nach wie vor einen zurückgebliebenen, altväterlichen Anblick; noch besaß es keine eindrucksvollen modernen Repräsentationsbauten aus Marmor wie die griechischen Städte. Wenn man sich am Hof des Makedonenkönigs Philipp V. darüber lustig machte, wie erzählt wird, so verdrängte man damit freilich auch die Sorgen über die eigene prekäre Lage. Nicht dass der römische Senat sich dadurch zu großen Plänen städtebaulicher Erneuerung und Verschönerung gedrängt gefühlt hätte: Es waren vielmehr die dramatischen politischen und sozialen Veränderungen und Bedürfnisse, die im Laufe des 2. und 1. Jahrhunderts v. Chr. zu einer tiefgreifenden Umgestaltung des Stadtbildes führten.

a) Aquädukte, Tiberhafen, Lagerhäuser
Ein Teil dieser veränderten Bedürfnisse war die Folge einer überaus starken Zunahme der Bevölkerung, denn die Stadt wuchs ab dem späten 4. Jahrhundert stetig, zeitweise geradezu sprunghaft. Der enorm expandierende Handel schuf Aussichten auf Teilhabe am Wohlstand nicht nur für die Römer und Italiker – aus der ganzen Mittelmeerwelt strömten die Menschen in die Stadt. Dazu kamen die verarmten Bauern und Scharen von Sklaven aus den Kriegen. Man brauchte Wasser und Lebensmittel, aber auch Räume für den Handel und alles, was damit zusammenhing, für Geldgeschäfte ebenso wie für Verwaltung und Rechtsprechung.

Die erste große Wasserleitung begann derselbe Appius Claudius Caecus, den wir schon als Erbauer der *Via Appia* kennengelernt haben, bereits im Jahre 312 v. Chr. Sie führte das Wasser aus den Sabiner Bergen über eine Entfernung von 17 Kilometern in die Stadt (Abb. 12). Schon eine Generation später kam es 272 v. Chr. zum Bau des Aquädukts *Anio Vetus*, den man aus der Beute des Sieges über den König Pyrrhus finanzierte. Diese Wasserleitung war bereits 64 Kilometer lang und konnte 180 000 Kubikmeter Wasser pro Tag transportieren – mehr als doppelt so viel wie die

12 – Die *Aqua Claudia* bei Rom im 19. Jahrhundert

Aqua Claudia. Andere, immer leistungsstärkere Wasserleitungen folgten, so die 90 Kilometer lange *Aqua Marcia* und der *Anio Novus*. Sie leiteten das Wasser teils unterirdisch, teils aber auch über weite Strecken auf den hohen Bögen in die Stadt, die zum Teil noch heute weithin sichtbar sind. Die früheren Aquädukte endeten bezeichnenderweise dort, wo der größte Bedarf herrschte, in den bevölkerungsreichsten Regionen der Stadt auf dem Esquilin und dem Aventin bzw. am *Forum Boarium*.

Für die Versorgung der Bevölkerung mit Getreide, für die Einfuhren und für die vielfachen Bedürfnisse, die dadurch entstanden waren, dass Rom neben Alexandria zum größten Zentrum des Mittelmeerhandels geworden war, benötigte man neben vielem anderen Lagerraum und bessere Hafenanlagen am Tiber. Da die alten Kais am *Forum Boarium* nicht ausreichten, legte man flussabwärts ein großflächiges neues Handelszentrum mit einer Mole von 500 Metern Länge an. M. Aemilius Lepidus baute dort als Censor, das heißt im Auftrag des Senats, eine riesige Lagerhalle von 487 × 60 Metern Länge, die *Porticus Aemilia*, in der 294 Pfeiler mit ihren Gewölben aus Gussmauerwerk nicht weniger als 30 000 Quadratmeter überdeckten. Dank eines Fragments der *Forma Urbis*, des marmornen Stadtplanes aus der Zeit des Kaisers

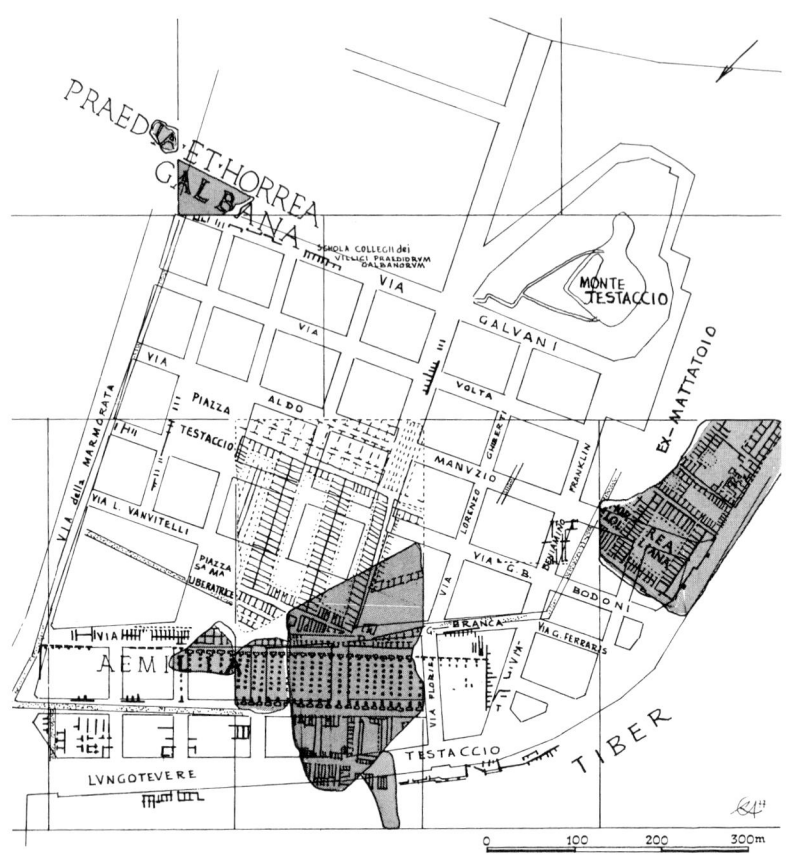

13 – *Porticus Aemilia, Horrea Galbana* und *Horrea Lolliana* am Tiber, mit Fragmenten der *Forma Urbis*

Septimius Severus, kennen wir den Grundriss der Halle (Abb. 13). An den erhaltenen Resten kann man die damals in Rom zuerst angewendete neue Bautechnik, das *opus caementicium*, studieren. Die Holzverschalungen für die Mauerwände und Gewölbe wurden mit einer Masse aus Stein- und Ziegelbrocken gefüllt, die mit einem besonders gut bindenden Mörtel zusammengebacken wurde. Diese neue Technik hatte gegenüber der traditionellen Bauweise mit Steinquadern große Vorzüge; vor allem erlaubte sie es, umfangrei-

14 – *Pons Aemilius, der sogenannte Ponte Rotto*

che Projekte innerhalb kurzer Zeit zu realisieren. Denn zum einen brauchte man nun auch für größere Projekte nur noch wenige gut ausgebildete Bauleute – die meisten Arbeiten konnten von ungelernten Arbeitern verrichtet werden, an denen dank der vielen Sklaven kein Mangel herrschte. Zum anderen ermöglichte das Gussmauerwerk vor allem für die Gewölbe Lösungen, von denen man zuvor nicht einmal hatte träumen können. Die neue Technik wurde indes nicht überall eingesetzt. Man benutzte sie vor allem für Zweckbauten, für die wie im Falle der *Porticus Aemilia* enorm große Räume zu umbauen waren.

Für Tempelbauten und andere repräsentative Gebäude hielt man dagegen an der traditionellen Quaderbauweise fest. So wurde etwa der ebenfalls vom Censor M. Aemilius Lepidus zunächst in Holz gebaute *Pons Aemilius* 142 v. Chr. als Quaderbau ausgeführt (Abb. 14). Die *Porticus Aemilia* reichte im Übrigen trotz ihrer enormen Ausmaße bald nicht mehr aus und wurde durch die *Horrea Galbana* und die *Horrea Lolliana* am Ort ergänzt (Abb. 13).

Außer diesen großen staatlichen Speicherbauten entstanden eine Fülle anderer *horrea*, in denen die Waren gespeichert und dann verteilt werden konnten, sowie spezialisierte Märkte. Der Verkauf von Fleisch, Fisch und Gemüse wurde vom Forum verdrängt und hinter der späteren *Basilica Aemilia* angesiedelt. Damals entstand auch das erste *macellum* (Marktgebäude), mit dem *Forum Piscarium* (dem Fischmarkt), sowie das *Forum Holitorium*, der Obst- und Gemüsemarkt, am alten Tiberhafen. An die Stelle der *tabernae* (Stände) der Metzger auf dem Forum rückten jetzt unter anderem die Büros der Wechsler.

b) Das Forum Romanum

Die Eliminierung des täglichen Marktbetriebes schuf eine der Voraussetzungen dafür, dass sich das *Forum Romanum* neben seinen politischen Funktionen zum Zentrum des Handels und auch der Gerichte entwickeln konnte; die großen Häuser (*domus*) der Adelsfamilien wurden dabei nach und nach vom Platz verdrängt (Abb. 15). Noch 191 v. Chr. bot der Senat dem Consul Scipio Nasica ein Haus am Forum an, neben dem damals übrigens noch ein Metzgerladen wirtschaftete. Nur wenige Jahre später baute ausgerechnet M. Porcius Cato, der für die Bewahrung der traditionellen altrömischen Kultur zu Felde zog, die erste Basilika am Forum (184 v. Chr.). Dieser neue Bautypus bot einen großen, überdachten und vielseitig verwendbaren Raum für Handels- und Geldgeschäfte, für Versteigerungen (zum Beispiel von Sklaven) und nicht zuletzt für die Rechtsprechung. Wie hoch der Bedarf an großen Räumen für solche Geschäfte war, ersieht man daraus, dass bereits fünf Jahre später auf der Nordseite des Forums die *Basilica Fulvia*, ein Vorgängerbau der *Basilica Aemilia*, und weitere fünf Jahre später (170 v. Chr.) auf dem Gelände der *domus* des Scipio Africanus die *Basilica Sempronia* errichtet wurde. Der Name *basilica* («königliche Halle») weist auf die hellenistische, wahrscheinlich alexandrinische Herkunft des Bautypus hin. Dieser unterscheidet sich von mehrschiffigen Säulenhallen durch das er-

15 – Das *Forum Romanum* zur Zeit Caesars (um 50 v. Chr.)

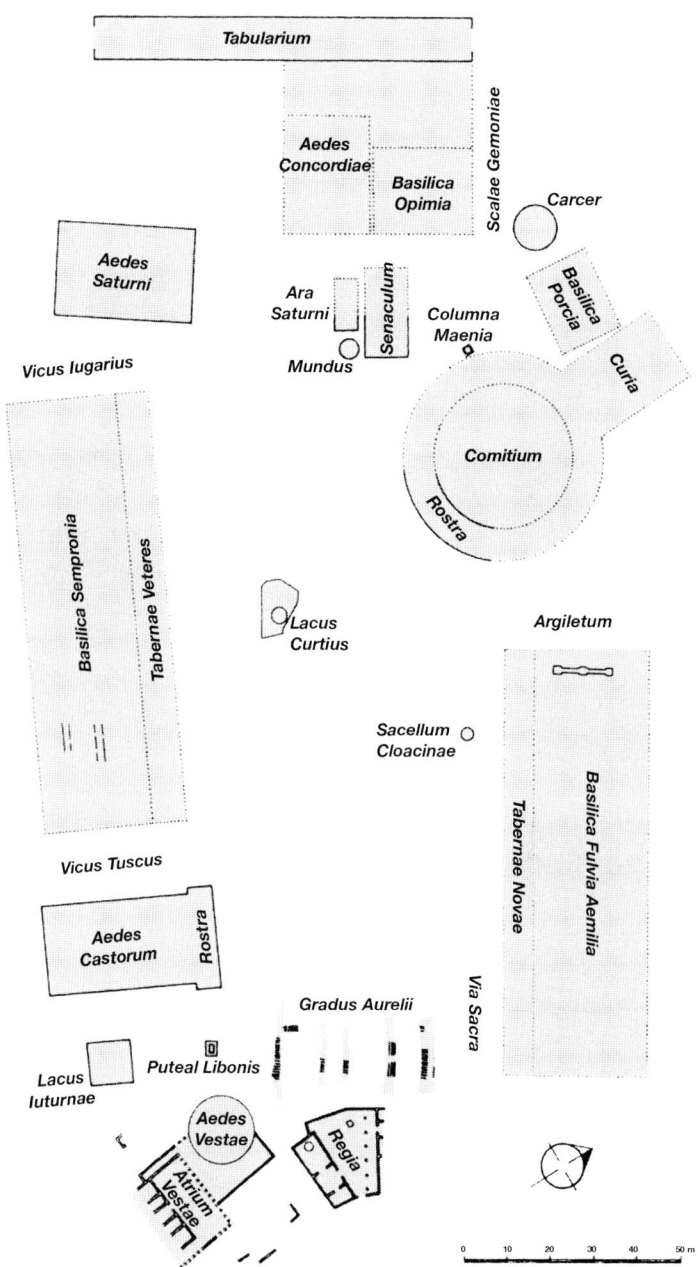

3. Rom wird zum Zentrum der Mittelmeerwelt

16 – Cosa, Forum mit Basilika (Rekonstruktion F. E. Brown)

höhte, mit Fenstern versehene Mittelschiff sowie durch die klare Unterteilung und Begrenzung des Raumes. Die frühen Basiliken auf dem *Forum Romanum* wurden später durch Um- und Neubauten ersetzt. Eine Vorstellung ihres Aussehens kann man jedoch etwa durch die am Forum der Koloniestadt Cosa ausgegrabene dreischiffige Basilika gewinnen (Abb. 16).

Durch den Bau der Basiliken an den Langseiten gewann das *Forum Romanum* zum ersten Mal eine geschlossene und repräsentative Gestalt, obgleich die *tabernae* der Wechsler vor den Basiliken sowie die ephemeren Verkaufsstände zwischen den großen Bauten und selbst in den Tempelsubstruktionen auch noch in der Kaiserzeit fortbestanden. Der Platz behielt seine politische Bedeutung, wurde jedoch in der späten Republik nach und nach zu einem vom Senat kontrollierten, später dem Kaiser vorbehaltenen Ort der reinen Repräsentation.

In der späten Republik beherrschten zunächst die konservativen Senatskreise das Feld. L. Opimius baute nach der Ermordung von Tiberius und Gaius Gracchus, die sich für Landzuweisungen und Zuschüsse beim Getreidekauf an die *plebs* eingesetzt hatten, in einem zynisch wirkenden Gestus den Tempel der Concordia

17 – Das Tabularium in Rom

(Eintracht) neu (121 v. Chr.). Der alte Aristokratentempel der Dioskuren wurde von L. Caecilius Metellus in monumentaler Form erneuert (117 v. Chr.), und dorthin wurden auch die traditionellen Versammlungen der alten Stammesverbände (*comitia tributa*) sowie die Volksversammlungen (*contiones*) verlegt. Die Neuorientierung des Platzes fand dann ihren Abschluss durch den spektakulären Bau des Tabularium (um 70 v. Chr.), in dem sich unter anderem eine Art Staatsarchiv mit den *tabulae* (Bronzetafeln) des Senats befand (Abb. 17). Die in Teilen heute noch erhaltene mehrstöckige Substruktions- und Stützkonstruktion lag als Kulisse vor dem Abhang des Kapitols. Was den Bau so eindrucksvoll macht, ist seine den ganzen Platz gestaltende Wirkung. Der Architekt der kühnen Fassadenarchitektur war zweifellos von den wenig älteren Substruktionen der alten Heiligtümer in Latium, Palestrina und Tivoli beeinflusst, und sein Bau fasziniert wie diese noch heute den Betrachter.

c) Tempel als Siegesmonumente

Das Stadtbild Roms veränderte sich in den letzten beiden Jahrhunderten der Republik durch neue Tempelbauten nicht weniger nachhaltig als durch Bevölkerungsboom, Welthandel und neuartige Zweckbauten. Entscheidend hierfür war vor allem das Bedürfnis der Führungsschicht, ihre persönlichen Leistungen und ihre Macht durch eindrucksvolle Monumente und Bauten zum Ausdruck zu bringen. Wasserleitungen und Straßen wurden schon seit Langem nach den alten Adelsfamilien benannt, deren Mitglieder sie in ihrer Amtszeit als Konsuln oder Zensoren initiiert hatten. Seit dem 3. Jahrhundert v. Chr. kamen die zahlreichen Bauten hinzu, die von den im Osten und Westen siegreichen Feldherren errichtet und aus der Kriegsbeute bezahlt wurden. Denn die Kriegsbeute gehörte dem Feldherrn – er hatte jedoch einen Teil davon an die Gemeinschaft abzugeben. Das konnte in Form von Geschenken an die Götter, an den Staat oder an das Volk geschehen, wobei man Letzterem Spiele, Geld oder Bauten schenkte. Besonderer Beliebtheit erfreuten sich bei den Feldherren (vermutlich weniger beim Volk) aus Beutegeldern (*ex manubiis*) errichtete Siegestempel, weil sich mit diesen die Stifter wirkungsvoll und nachhaltig zur Schau stellen konnten.

Die Siegestempel der Feldherren sind der exzessiven Götterverehrung der Römer zuzuordnen. Sie dienten jedoch gleichermaßen der politischen Selbstdarstellung ihrer Stifter. Geweiht wurden die Tempel den sieggebenden Gottheiten oder vergöttlichten Personifikationen wie Honos, Virtus und Pietas, mit denen sich die Sieger in besonderer Weise identifizierten. Ein bevorzugter Ort für die Errichtung eines Siegestempels war das Marsfeld und dort vor allem das Gebiet um den *Circus Flaminius* (Abb. 18). Das beim Publikum als eine Art Flaniermeile beliebte weiträumige Areal des Circus, der im Wesentlichen aus einem planierten Platz bestand, diente auch als Aufstellungsort für Triumphzüge, was ihn und seine nähere Umgebung als Standort für Siegestempel prädestinierte. Einige Tempel lagen direkt neben dem Circus, andere säumten den Weg der Triumphzüge, darunter die zum Teil

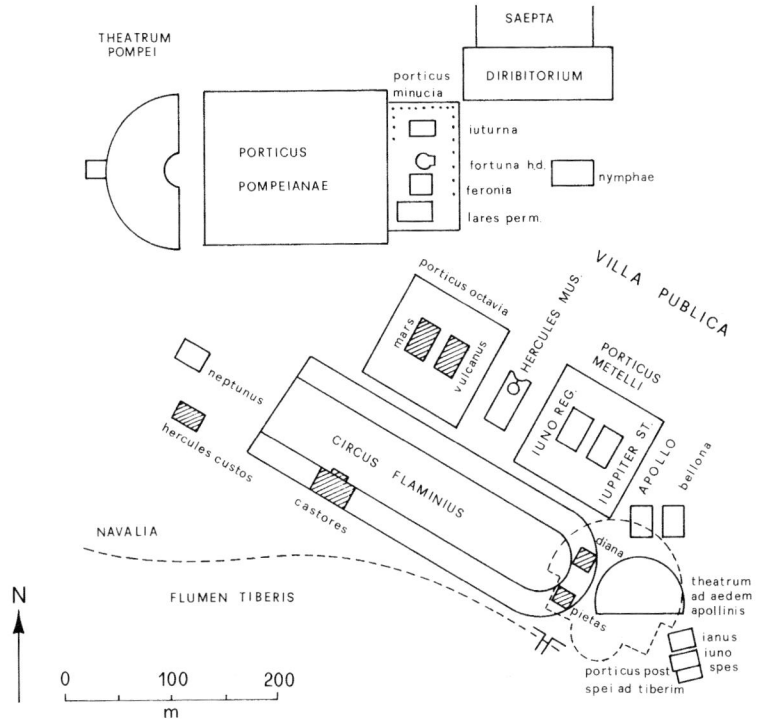

18 – Südöstlicher Teil des Marsfeldes, 1. Jahrhundert v. Chr.

noch in Resten erhaltenen Tempel am *Forum Holitorium*. Der Bezug der Tempel zu den Siegen wurde also nicht nur durch die Stifter, sondern auch durch das Ritual des Triumphzuges jeweils neu inszeniert.

Die wohl bedeutendsten Tempelstiftungen *ex manubiis* waren drei Heiligtümer, die jeweils von Säulenhallen (*porticus*) eingehegt und parallel zum *Circus Flaminius* in einer Achse aufgereiht waren. Der Rundtempel des *Hercules Musarum* war nach einer berühmten griechischen Statue, die dort ausgestellt war, benannt (187 v. Chr.). Die *Porticus Octavia* galt als besonders angenehmer Aufenthaltsort und scheint als Bau reich ausgestattet gewesen zu sein, denn wir hören von bronzenen Kapitellen (168 v. Chr.). Das eindrucksvollste und größte dieser Siegesheiligtümer war jedoch die *Porticus Metelli*, die Q. Caecilius Metellus Macedonicus nach seinen Siegen in Griechenland 146 v. Chr. aufführen ließ. Dabei fügte er dem bereits bestehenden Tempel der Juno Regina einen Tempel für Jupiter Stator hinzu. Tempel und Portikus wurden von einem der bekanntesten griechischen Architekten, Hermodoros aus Salamis, entworfen und in griechischem Marmor gebaut. Auch das Kultbild stammte wie in anderen neuen Tempeln dieser Zeit von einem griechischen Bildhauer. Die *Porticus Metelli* war nicht der erste Bau in rein griechischem Stil auf dem Marsfeld. Sie zeichnete sich jedoch durch die in großer Zahl dort ausgestellten griechischen Kunstwerke aus. Darunter befand sich die vor dem Tempel aufgestellte Gruppe von bronzenen Reiterstatuen, die Alexander den Großen mit seinen makedonischen Gefährten nach dem Sieg über die Perser am Granicus (334 v. Chr.) darstellte. Es handelte sich dabei um ein Werk des Lysipp, das Metellus aus dem makedonischen Bundesheiligtum in Dion als Kriegsbeute entführt hatte. Die *Porticus Metelli* war einer jener neuen Bauten, die den Römern dank ihrer Marmorarchitektur und der Zurschaustellung griechischer Statuen zum ersten Mal moderne städtische Räume boten und die den Vergleich mit entsprechenden Bauten in den Residenzen der hellenistischen Könige nicht mehr zu scheuen brauchten.

Doch ging es hier nicht nur um Verschönerungsmaßnahmen für die Stadt. Wir haben es vielmehr mit einem Paradebeispiel für den umfassenden kulturellen Prozess der Hellenisierung zu tun, der die römische Gesellschaft nach und nach bis in ihre Grundfesten veränderte. Man hat das Marsfeld deshalb zu Recht als ein Laboratorium der Hellenisierung bezeichnet. Dabei war die Übernahme oder besser das Hineinwachsen in die hellenistische Kultur keineswegs ein einseitiges Nehmen, sondern führte zu unterschiedlichsten Formen der Synthese. Vor allem die Tempelarchitektur bietet dafür gute Beispiele. Als Sulla den im Bürgerkrieg abgebrannten Tempel des Jupiter Optimus Maximus auf dem Kapitol wieder aufbaute, ließ er dazu Säulen des großen Zeustempels in

19 – Reste des Rundtempels am *Largo Argentina*

Athen (*Olympieion*) nach Rom schaffen, was wegen der unpassenden Dimensionen der Säulen zu einem unerfreulichen Resultat geführt haben soll. Ging es bei dieser Überführung mehr um eine Demonstration römischer Macht, so wurde in der Architektur des neuen Tempels der griechische Peripteraltempel mit dem traditionellen italischen Podium kombiniert und die Frontseite durch den Verzicht auf Säulen an der Rückseite (*sine postico*) betont; dabei ging es vor allem um die Verbindung alter religiöser Traditionen mit modernen griechischen Architekturformen. In denselben Zusammenhang gehört der bewusste Verzicht auf luxuriösen Marmor, für den man im Terrakottadekor der augusteischen Zeit die ausgeprägtesten Beispiele findet.

Eine gute Vorstellung von den Tempelstiftungen der Feldherren kann man sich heute noch am *Largo Argentina* machen, wo bei den Ausgrabungen der 1920er Jahre vier Tempel zum Vorschein gekommen sind, die ab ca. 250 v. Chr. aus unterschiedlichen Anlässen erbaut wurden. Der jüngste von ihnen ist ein Rundtempel, den Q. Lutatius Catulus 101 v. Chr. nach einem Sieg über die Kimbern bei Vercelli errichten ließ, und zwar für die *Fortuna huiusce diei*, also die persönliche Glücksgöttin des Tages, an dem der Sieg errungen worden war (Abb. 19). Jeder der vier Tempel hat eine andere Form, aber sie wurden mehr oder weniger in einer Reihe nebeneinander gebaut und lagen später inmitten einer weiträumigen Portikus.

4. Bauen als Machtanspruch: Pompeius und Caesar

Auch das Theater des Pompeius war ein Siegesmonument, allerdings eines von enormen Ausmaßen. Pompeius plante es nach seinem dreifachen Triumph im Jahre 61 v. Chr. und finanzierte es mit der Beute aus den Kriegen im Orient und gegen die Seeräuber. Es war das bei weitem eindrucksvollste Monument der Selbstdarstellung eines großen Feldherrn, das Rom bis dahin gesehen hatte. Denn es sprengte alle bisherigen Maßstäbe und setzte die lange Zeit erfolgreiche Kontrolle des Senats über das übermächtige Herausragen-Wollen einzelner Personen vollends außer Kraft. Offiziell deklarierte Pompeius den Bau als Tempel wie die früheren aus Beutegeldern erbauten Heiligtümer. In Wirklichkeit aber handelte es sich um ein großes Theater, über dessen *cavea* (Zuschauerraum) lediglich ein kleiner Tempel der Venus Victrix thronte (Abb. 20, 21). Bis dahin hatte der Senat den Bau eines steinernen Theaters zu verhindern gewusst, weil er «demokratische» Zustände, wie sie in griechischen Städten herrschten, verhindern wollte. Man hatte sich deshalb mit ephemeren Holzkonstruktionen beholfen, die nach den jeweiligen Götterfesten wieder abgerissen wurden. Da das flache Marsfeld keine Möglichkeit bot, das Zuschauerrund des neuen Theaters in einen Hügel zu betten, legte der Architekt die *cavea* auf Substruktionen und machte sie durch ein ausgeklügeltes neuartiges Treppensystem zugänglich.

Damit war nicht nur ein neuer Bautypus geschaffen, der die Theater und Arenabauten der Zukunft weitgehend bestimmte; es war auch ein enorm großes Theater entstanden, das ca. 17 000 Zu-

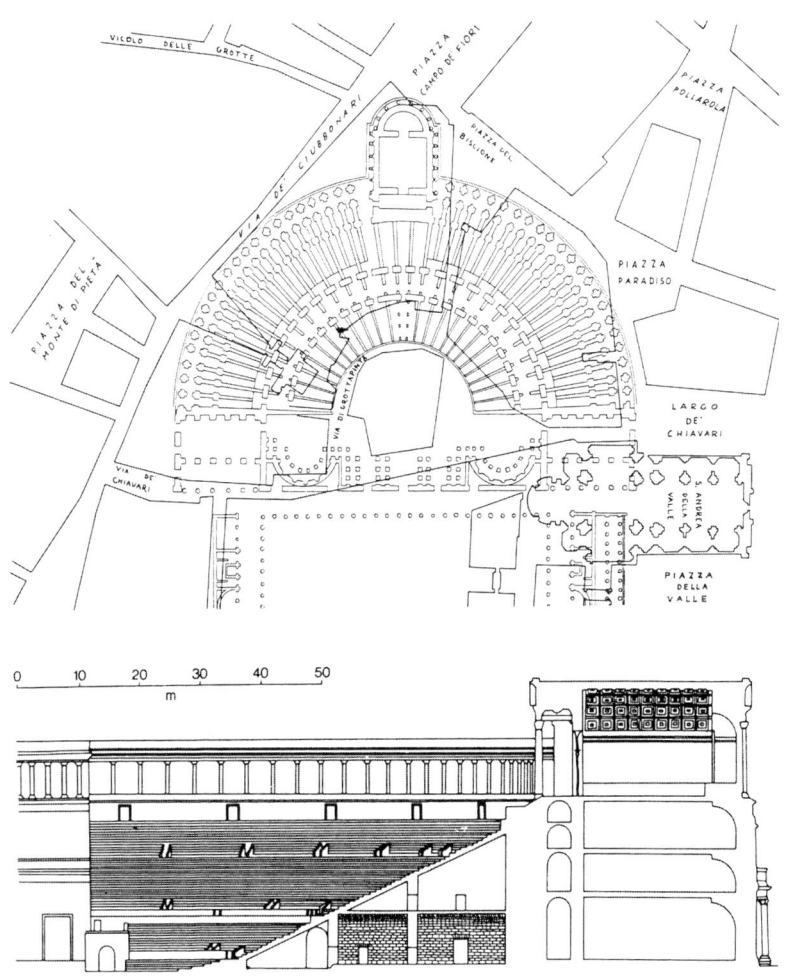

20 – Das Pompeiustheater (Plan und Aufriss)

schauern Platz geboten haben soll und an das sich überdies die ebenfalls sehr groß proportionierte *Porticus Pompeiana* (180 × 135 Meter) mit ihrer Parkanlage, ihren Wasserläufen und ihrem Statuenschmuck anschloss. Die machtpolitische Selbstverherrlichung fehlte auch hier nicht. In einem Teil der *Porticus* standen die überlebensgroßen Statuen der Personifikationen von 14 Völkern des

21 – Luftaufnahme mit dem Pompeiustheater im Zentrum

Ostens, deren Unterwerfung sich Pompeius rühmte. Außerdem ließ er an seine *Porticus* einen Versammlungsraum anbauen, in dem er den Senat empfangen konnte, die *Curia Pompeiana* (in der Caesar am 15. März 44 v. Chr. ermordet wurde). Doch damit nicht genug – Pompeius brachte sich zudem nicht weit von diesen Monumenten, die zum Vergnügen der Bevölkerung errichtet wurden, in Besitz eines zweiten großen Areals auf dem *Campus Martius* (wahrscheinlich zwischen der heutigen *Piazza Colonna* und dem Pincio). Hier ließ er eine Villa mit weitläufigen Gärten errichten,

in der er unmittelbar vor der Stadt herrschaftlich zu wohnen gedachte. Mit diesen Bauten «besetzte» er gegen alle Traditionen der Gleichrangigkeit unter den großen Geschlechtern einen beträchtlichen Teil des Marsfeldes.

22 – Das *Forum Iulium* (Rekonstruktion nach J.-C. Golvin)

Die Baupolitik seines Konkurrenten C. Iulius Caesar im Wettstreit um die Vorherrschaft im Staat war noch umfassender, wenn auch von ganz anderer Art. Caesar zielte mit dem Gestus des Alleinherrschers auf das Zentrum der Politik, das *Forum Romanum*, und darüber hinaus auf eine völlige Neugestaltung der Stadt. Zwar plante auch er auf dem Marsfeld Bauten fürs Volk – so wollte er den großen Wahlplatz, die *Saepta*, überdachen, ein Stadium bauen und durch Asinius Pollio eine öffentliche Bibliothek einrichten lassen. Vor allem aber lag ihm daran, dem Forum selbst durch eine eigenmächtige Ausweitung seinen Stempel aufzudrücken. Geplant und gebaut wurde ein langgezogener, von Säulenhallen eingegrenzter Platz von 160 × 75 Metern Umfang, der von einem monumentalen Marmortempel für Venus Genetrix, die Ahnherrin der Iulier, beherrscht werden sollte (Abb. 22). Der Tempel wurde aufs Üppigste ausgestattet, der Platz selbst durch ein Reitermonument des Diktators den Römern als Caesars Platz präsentiert.

Mit dem neuen *Forum Iulium* waren erhebliche Eingriffe am alten *Forum Romanum* verbunden. Die von Sulla wiederaufgebaute alte Rednerbühne, die *Rostra*, wurde jetzt versetzt und in das neue Forum integriert, wo sie in die Mitte des freien Platzes gerückt wurde. Nicht genug damit, kaufte Caesar auf der Westseite des *Forum Romanum* auch noch die *Basilica Sempronia*, um an ihrer Stelle eine neue, größere Basilika zu errichten. Einen besonderen populistischen Effekt hatten bei diesen Eingriffen zweifellos die unterirdischen Galerien, mit denen Caesar den Apparat für die Gladiatorenspiele verbesserte, die damals zum Teil noch auf dem freien Platz des Forums stattfanden (Abb. 23). Einen Großteil dieser Bauten konnte indes erst sein Adoptivsohn Augustus zu Ende führen, der die von Caesar begonnene Inbesitznahme des Forums durch die Iulier mit seinen eigenen Bauten vollendete.

Mehr noch als diese Maßnahmen faszinieren Caesars Pläne, die urbanistische Struktur der Stadt radikal zu verändern. Er wollte neben das alte, unregelmäßig gewachsene Rom mit seinen Hügeln und seinen engen, winkligen Gassen nicht mehr und nicht weniger als eine moderne Stadt setzen, die im Zuschnitt ihrer neuen Rolle als Zentrum eines Weltreiches entsprechen sollte. Zu diesem Zweck plante er, den Tiber etwa auf der Höhe der Milvischen Brücke umzuleiten, ihn dann am Vatikanhügel entlang bis auf die Höhe der Tiberinsel zu führen, um ihn dort schließlich wieder ins angestammte Flussbett zurückzuleiten. Dadurch hätte er un-

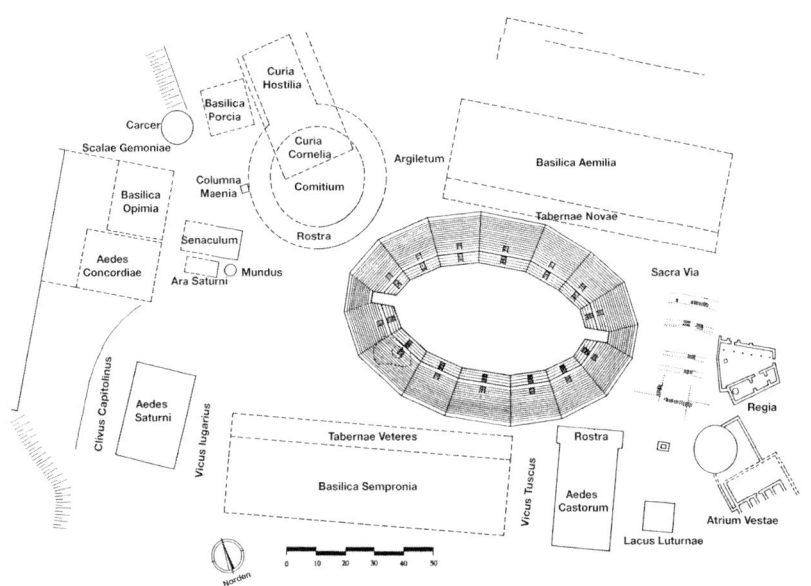

23 – Das *Forum Romanum* mit der ephemeren hölzernen Arena (Rekonstruktion nach K. Welch)

ter Einschluss des Marsfeldes eine große ebene Fläche gewonnen, in der er eine hellenistische Stadt mit rechtwinkligem Straßensystem hätte entstehen lassen können. In der Mitte von Caesars Neustadt war im Übrigen ein übergroßer Marstempel und am Abhang des Kapitols zum Tiber hin ein Theater geplant, das das Pompeiustheater noch hätte übertreffen sollen. All diesen großartigen Plänen setzte die Ermordung Caesars ein Ende.

5. Im Wohnen spiegelt sich die Gesellschaft

Es waren indes nicht nur diese teils realisierten, teils geplanten Repräsentationsbauten, die das Stadtbild Roms in den letzten Jahrzehnten der Republik veränderten oder hätten verändern sollen. Unmittelbar hinter dem neuen Forum Caesars begannen bereits die alten Wohnviertel mit ihren engen Straßen und ihren dicht gedrängten, unsicher gebauten Häusern. Das Wohnen spiegelt die scharfen Kontraste und das Konfliktpotential der spätrepublikanischen städtischen Gesellschaft. Auf der einen Seite konnte die Führungsschicht dank der Eroberungskriege ungeheure Mittel anhäufen, auf der anderen Seite wuchs das mittellose Proletariat. Dazwischen konnte sich jedoch auch eine wohlhabende Mittelschicht entwickeln, deren vitalste Gruppe die Freigelassenen, besonders die aus den großen Familien, bildeten. Die Aufstiegschancen für sie waren nie besser als in dieser Zeit. Da der Staat das meiste dem «freien Markt» überließ und über keinen «Stadtentwicklungsplan» verfügte, wucherte die Stadt weitgehend unkontrolliert, verdichtete sich enorm in den zentralen Wohngebieten und wuchs gleichzeitig durch Streusiedlungen, Gärten und Parks aufs Land hinaus.

Die Betonung der Standesunterschiede hatte bereits seit Langem zu den Charakteristika der römischen Republik gehört und spielte in den Alltagsritualen eine erhebliche Rolle. So waren etwa die Aristokraten und die Magistrate schon an ihrer Kleidung zu erkennen, hatten eigene Sitze im Theater und entfalteten einen immer größeren privaten Luxus. Die Begräbnisse der wichtigen Familien wurden zumindest seit dem 3. Jahrhundert v. Chr. wie Staatsfeste mit großen Prozessionen und Ansprachen begangen, und selbst an normalen Tagen konnte man, wie schon erwähnt, an der Zahl der sie begleitenden Klienten und Diener den Rang und Reichtum einer Person erkennen, der man aus dem Weg zu gehen hatte.

Noch deutlicher kam der Status der großen Familien in ihren Häusern zum Ausdruck, nicht zuletzt durch die Fülle der Klienten und Besucher, die diese aufnehmen konnten. Der Volkstribun Livius Drusus wies seinen Architekten an, seine Kunst darauf zu verwenden, dass alles, was im Hause geschehe, von draußen einsehbar sei. Das war natürlich populäre Demagogik, aber die Struktur des altitalischen Hauses mit seinem zentralen Atrium kam diesem Bedürfnis durchaus entgegen. Besonders sprunghaft wuchs der Luxus der Häuser nach dem Bürgerkrieg der 80er Jahre des 1. Jahrhunderts v. Chr. Das Haus des M. Aemilius Lepidus, das zur Zeit Sullas eines der elegantesten in Rom gewesen sein soll,

24 – Pompeji,
Casa del Fauno
1 großes Atrium, mit angrenzenden Wohnräumen, 2 Peristyl mit Gesellschaftsräumen, 3 Alexandermosaik, 4 Gartenperistyl
A kleines Atrium, B Wirtschaftsräume und Bad, C Läden an der Straße

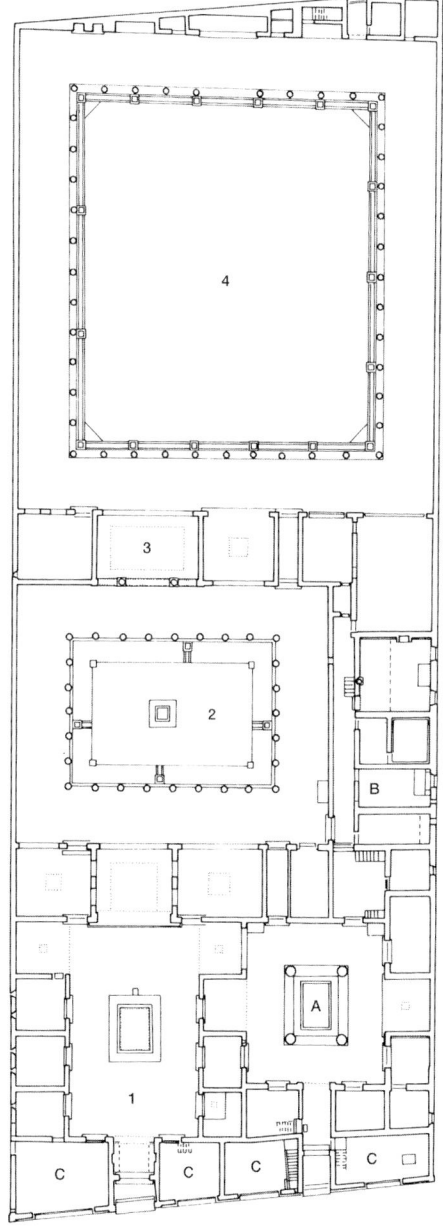

5. Im Wohnen spiegelt sich die Gesellschaft

gehörte zur Zeit Caesars nicht einmal mehr zu den 100 aufwendigsten Häusern. Entsprechend explodierten die Preise. Aufsehen erregte um 58 v. Chr. das skandalös luxuriöse Haus oder besser der Palast des M. Aemilius Scaurus, vor allem wegen der vier kolossalen Säulen aus hymettischem Marmor, die Scaurus für sein Atrium verwendete, in dem angeblich 2500 Personen Platz hatten. Die Säulen hatte Scaurus vom auch damals noch unvollendeten Tempel des Olympischen Zeus in Athen entführt, zunächst als Ädil (Eingangsstufe der römischen Ämterlaufbahn) in seinem ephemeren Theater dem Volk zur Schau gestellt, dann aber in seinen Privatbesitz überführt. Damit hatte er freilich massiv gegen den Grundsatz verstoßen, dass Luxus nur im öffentlichen Bereich, als *publica magnificentia*, nicht aber als *privata luxuria* zulässig sei, wie Cicero auch damals noch verkündete, obwohl sich bereits niemand mehr daran hielt, nicht einmal er selbst (Cicero, *Pro L. Murena* 76). Der Kampf um die alten Sitten war längst zu einem Schlagwortgeklingel geworden.

Leider sind in Rom selbst allenfalls spärliche Reste großer *domus* erhalten geblieben, die sich einst vor allem auf und am Palatin, aber auch in den anderen Wohngebieten der Stadt befanden. Oft stießen die palastartigen Häuser der bedeutenden Familien direkt an die der Armen. Auch in die meisten großen *domus* waren Reihen von *tabernae* integriert, die sich zur Straße hin öffneten. Am ehesten können uns die großen Häuser des 2. Jahrhunderts v. Chr. im hellenisierten Pompeji, die wie die *Casa del Fauno* mit einem doppelten Atrium und weitläufigen Portiken mit Gärten ausgestattet waren, eine Vorstellung vom Raumluxus der römischen Stadtpaläste geben (Abb. 24). Noch neidvoller mögen die Armen auf die sogenannten *horti* (Gärten) eines Sallust oder Lucullus geblickt haben, deren luxuriöse Ausstattung noch im 2. Jahrhundert n. Chr. bewundert wurde. Einige dieser *horti* glichen veritablen Luxusvillen. Die eigentlichen Villen, besonders die an den Hängen der Albaner Berge und am Golf von Neapel, und ihre luxuriöse Ausstattung kannte die *plebs* freilich nur vom Hörensagen.

Ganz anders sah es in den unteren Schichten der Bevölkerung

aus, die in den alten Wohnvierteln in schlecht gebauten und baufälligen, von Bränden und Tiberüberschwemmungen bedrohten Häusern lebten. Mit dem schnellen wirtschaftlichen Wachstum hatte sich in Rom ein ständig anschwellendes Proletariat angesammelt, das vom Staat ernährt werden musste. Es gibt keine zuverlässigen Bevölkerungszahlen, aber immerhin wissen wir, dass die Liste der Empfangsberechtigten für von den Beamten kostenlos verteiltes Getreide 123 v. Chr., also zur Zeit der Gracchen, noch 50000 Namen umfasste und dass Pompeius sich ungefähr 70 Jahre später mit einer auf 320000 Namen angewachsenen Liste von Berechtigten konfrontiert sah (die Caesar dann allerdings auf 150000 zurückschnitt). Auf diese Weise kann man wenigstens eine Vorstellung von der Explosion der Einwohnerzahlen gewinnen, wobei man bedenken muss, dass nur die männlichen römischen Bürger gezählt wurden.

Die miserablen Wohnbedingungen der *plebs* sind von mehreren Zeitgenossen beschrieben worden. Die Verteuerung der Bodenpreise und das Gewinnstreben der Immobilienhaie hatten zu immer höheren und unstabileren Fachwerkbauten geführt. Auch bei Katastrophen ließen sich hohe Gewinne machen. M. Licinius Crassus, der reichste Mann Roms, soll nach Brandkatastrophen durch seine Freigelassenen Ruinen, ja brennende Häuser haben aufkaufen lassen, um dann an den noch höheren, aber kaum sichereren Neubauten zu verdienen. Aber selbst der nicht sonderlich wohlhabende Cicero hat jährlich eine erhebliche Summe durch Mieten eingezogen. Da dieselben Aristokraten, die die Häuser besaßen, nicht selten auch an der Ziegelproduktion und an den Bauunternehmen beteiligt waren, entwickelte sich der Immobiliensektor bereits damals zu einem der lukrativsten Wirtschaftszweige. Obwohl schon um 150 v. Chr. Bauvorschriften zu Höhe und Abstand der Häuser voneinander erlassen worden waren, gelang es erst Augustus, den Missstand, wenn nicht zu beseitigen, so doch einzudämmen.

6. Nachruhm durch Grabmonumente in Rom und Italien

Eine andere Art der Selbstdarstellung für die Führungsschicht, aber auch für alle anderen, die sie sich in mehr oder weniger aufwendigen Formen leisten konnten, waren die Grabmonumente. Besonders interessiert waren daran die nach oben drängenden Freigelassenen. Hatte man die Toten früher in eigens dafür ausgewiesenen Nekropolen und abgeschlossenen Grabbezirken in der Regel unauffällig bestattet, so bildete sich im Laufe des 1. Jahrhunderts v. Chr. das Bedürfnis nach Grabmonumenten an einer der großen römischen Ausfallstraßen heraus. Als Grund dafür wird bei einem der römischen Feldvermesser genannt, man habe die öffentlichen Straßen bevorzugt, weil die Grabmonumente hier «die Zeiten überdauernd» die Verdienste der Toten bezeugen konnten (*propter testimonium perennitatis*). Es ging um den Nachruhm oder auch nur um die Erinnerung an Verdienste und Status der Verstorbenen wie ihrer Familien, auch wenn sie noch so bescheiden waren. Die Konkurrenzgesellschaft der späten Republik entwickelte in den Grabmonumenten eine überaus eindrucksvolle Form der Selbstinszenierung, die sich von Rom aus schnell in den Städten Mittel- und Norditaliens und schließlich überall in den westlichen Provinzen des Reiches verbreitete. Mit dem Monument an der Straße konnte man alle ansprechen, die in die Stadt oder aus der Stadt unterwegs waren. Durch Position, Architektur und Größe des Monuments sowie durch Schmuckformen und Materialien konnte man zeigen, wozu man es gebracht hatte.

Nur vergleichsweise wenigen unter den Großen gelang es jedoch, ihr Monument an einer landschaftsbeherrschenden, weithin sichtbaren Stelle zu platzieren. Ausnahmen waren das Monument für Caecilia Metella an der *Via Appia* (Abb. 25) oder das für Munatius Plancus, der sich den mächtigen Zylindersockel seines Rundgrabes auf eine Anhöhe hoch über dem Meer bei Gaeta setzen ließ. Damit verglichen hatten es die Grabmonumente entlang den Straßen bei einem ständig steigenden Bedarf schwer, sich aus der Rei-

25 – Grab der Caecilia Metella an der *Via Appia* mit den Resten eines mittelalterlichen Kastells

he hervorzuheben. Die Konkurrenz steigerte die Ansprüche, und die Architekten verwendeten den gesamten Formenschatz der hellenistischen und italisch-etruskischen Baukunst, um ihre Auftraggeber zufriedenzustellen. Neben dem Tumulusgrab, einem kegelförmigen Erdhügel, findet man zum Beispiel die Form von monumentalen runden oder rechteckigen Altären, Ehrenbögen und selbst Pyramiden. Nicht selten wurden die einzelnen Typen sogar übereinander getürmt, wie im Falle des berühmten Grabes der Iulii in St. Remy. Besonders beliebt waren die zweistöckigen Ädikulagräber, die eindrucksvoll und offenbar doch erschwinglich waren, wie die Beispiele aus Pompeji sehr gut zeigen. Auf hohem Sockel boten sie Platz für die Aufstellung von lebensgroßen Statuen der Verstorbenen in einem tempelartigen Gehäuse, und das Grabmonument wandelte sich auf diese Weise zu einer Art Ehrenmonument, was durchaus dem Bedürfnis der Auftraggeber entsprach.

Günstiger waren die Gräber in Form eines Hauses, an deren Fassaden die Besitzer – meist Freigelassene – häufig Reliefs mit den Bildnissen der Verstorbenen, vor allem der Ehepaare und der

26 – Republikanische Grabfassaden an der *Via Statilia* in Rom aus der Mitte des 1. Jahrhunderts v. Chr.

männlichen Erben (Abb. 26), anbringen ließen. Wer noch weniger zur Verfügung hatte, musste sich mit einer einfachen Stele, einem kleinen Grabaltar oder seit der Zeit des Augustus mit einer Nische in einem der neuartigen, meist unterirdischen Gemeinschaftsgräber (*columbaria*) begnügen; dabei stand immerhin oft noch der Name des Verstorbenen auf einem Täfelchen (Abb. 50). Das Bedürfnis, wenigstens im Gedächtnis der Angehörigen weiterzuleben, war groß, und nur die Ärmsten endeten namenlos in Massengräbern.

Da die Städte das Wachsen der Straßennekropolen sich selbst überließen, entschieden Bedarf, Markt und Zufall über das Neben- und Hintereinander der Gräber. Manch einem weniger Vermögenden gelang es, sich einen kleineren Platz zwischen zwei bereits bestehenden Monumenten in der ersten Reihe zu ergattern. Andere, die in die zweite Reihe ausweichen mussten, versuchten, sich durch ein möglichst hohes Monument bemerkbar zu machen. Jedes noch so kleine Eckchen weiter vorne war besser als ein größerer Platz weiter hinten. So spiegelten die «Gräberstraßen» in den

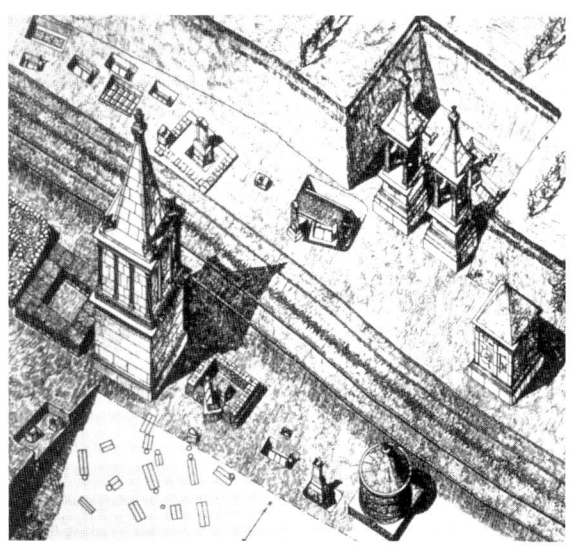

27 – Grabmonumente an der Straße vor Sarsina

letzten Jahrzehnten der Republik und auch noch zu Beginn der Kaiserzeit durchaus die Konkurrenzsituation in der Gesellschaft wieder. Was in Rom nicht mehr gut nachzuvollziehen ist, hat sich vor den Toren einiger anderer Städte anschaulich erhalten, so vor der *Porta Nocera* in Pompeji, in Ostia oder in Sarsina, einer kleinen Stadt am nördlichen Abhang des Apennins zur Poebene hin, wo man sich das «Gedränge» der unterschiedlich großen Grabbauten noch sehr gut vorstellen kann (Abb. 27).

7. Städtekonkurrenz in der späten Republik

Was die Grabmonumente an der Straße zusätzlich so attraktiv machte, waren die von Rom aus ganz Italien durchziehenden Überlandstraßen (Abb. 5). Sie kamen nicht nur Verkehr und Handel zugute, sondern förderten auch das Gefühl der Zugehörigkeit zu Rom und zum Imperium. Da diese Straßen dank der an ihnen aufgereihten Grabmonumente den Bürgern jeder Stadt die Möglichkeit zur Selbstdarstellung boten, konnten die Reisenden, wenn sie sich einer Stadt näherten, eine Vorstellung von den wichtigsten Familien, ja sogar vom kulturellen Niveau der jeweiligen Gesellschaft gewinnen.

Besonders in den alten Städten Latiums und Mittelitaliens hatten die veränderten politischen und ökonomischen Verhältnisse seit dem 2. Jahrhundert v. Chr. zu tiefgreifenden Veränderungen der Stadtbilder geführt. Vielerorts kam es dank des neuen Reichtums zu städtischen Bauprogrammen von erstaunlichen, gelegentlich sogar enormen Ausmaßen. Dabei spielte der Wunsch der führenden Familien, sich vor anderen hervorzutun, ebenso eine Rolle wie die Konkurrenz der Städte untereinander und letztlich auch mit Rom. Es gibt kaum eine Stadt von einiger Bedeutung unter den latinischen und italischen Bündnern Roms, die sich nicht an dieser Konkurrenz beteiligte.

Als Bundesgenossen hatten die italischen Städte und Stämme an der Eroberung der Mittelmeerwelt teilgenommen und waren durch den Handel reich geworden. Das gilt vor allem für die Führungsschicht, deren Familiennamen man oft auch in Inschriften an den großen Umschlagplätzen des griechischen Ostens wie der Insel Delos findet, aber auch in Spanien und sogar auf den Verbindungswegen in den ferneren Osten. Beim Ausbau ihrer Städte ging es diesen Familien nicht nur um Selbstdarstellung bei den Bürgern, sondern auch um ihren Einfluss in Rom. Neben aufwendigen Bauten für die Infrastruktur realisierte man auch repräsentative urbanistische Projekte, die nicht selten von einem Umfang und einer architektonischen Kühnheit waren, wie man sie in der späteren Kaiserzeit nicht mehr findet. Die architektonischen Formelemente entstammten weitgehend der hellenistischen Architektur, Zusammensetzung und Wirkung jedoch übertrafen diese in einzelnen Fällen bei Weitem, nicht zuletzt durch den neuartigen Einsatz des Gussmauerwerkes (*opus caementicium*), von dem wir bereits gehört haben.

Wie sehr es dabei auch darum ging, die Besucher zu beeindrucken, zeigen exemplarisch die neuen städtischen Heiligtümer von Praeneste/Palestrina und Tibur/Tivoli. Beide Städte liegen am Abhang von Bergen und waren deshalb für architektonische Großpro-

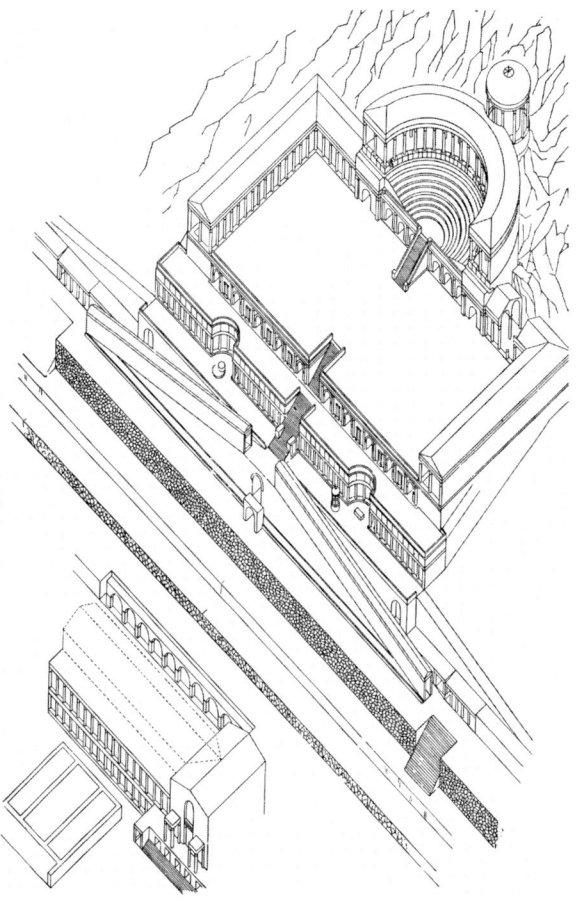

28 – Praeneste/Palestrina, Heiligtum der Fortuna (Rekonstruktion H. Kähler)

jekte eigentlich nicht prädestiniert. In Praeneste befanden sich zwei alte Kultplätze der Göttin Fortuna über der Stadt auf unterschiedlicher Höhe eines steil zur Stadt hin abfallenden Hanges. Dem von hellenistischen Heiligtümern des Ostens beeinflussten Architekten gelang es, diese alten Kultplätze in eine symmetrische, in mehrere Terrassen gegliederte Prospektarchitektur einzufügen und das Ganze mit dem ebenfalls völlig neu gestalteten Forumsbereich am Fuß des Berghanges zu verbinden (Abb. 28). Die weithin sichtbare Terrassenanlage ruhte auf einem mächtigen

Sockel aus polygonalen Blöcken und war mittels steiler Treppen und Rampen vom Forum aus begehbar. Wer von dort als Pilger mühsam Terrasse für Terrasse hinaufstieg, gelangte auf der vierten Terrasse zum ersten Kultplatz, dem Losorakel, das durch eine kleine Tholos (Rundtempelchen) herausgehoben war. Zwei Exedren gliederten hier die langen Substruktionsgewölbe, die nach außen als zwei Säulenhallen mit hoher Attika erschienen. Hinter der Attika lagen die Gewölbe, die die nächste Terrasse trugen. Nach dem langen Aufstieg befand man sich schließlich auf einem weiten Platz, der auf drei Seiten von doppelten Hallen gesäumt war. Er diente an Festtagen sicher auch als Rast- und Lagerplatz für den Zustrom der Pilger, vielleicht auch für Pferde und Herden zur Zeit der Märkte, denn er muss von den Seiten her über Wege zugänglich gewesen sein. Noch hatte der Pilger aber den zweiten und offenbar wichtigeren Kultort nicht erreicht. Dieser lag hinter einem theaterartig ansteigenden Zuschauerrund, das wiederum von einer Portikus hinterfangen war, in einem vergleichsweise kleinen Rundtempel. Die Sitzreihen der *cavea* dienten wie in zahlreichen anderen Heiligtümern derselben Zeit den Theateraufführungen an den Festtagen, boten aber auch einen herrlichen Ausblick auf die Ebene und die Albaner Berge.

Die Stadtväter von Tibur blieben mit ihrem Willen, der Stadt ein neues Gesicht zu geben, nicht hinter Praeneste zurück. Denn sie führten gleich zwei spektakuläre Bauprogramme durch. Zum einen errichteten sie auf ihrer Akropolis über dem Steilhang der Wasserfälle des Aniene auf hohen Substruktionen zwei Tempel, einen einfachen, kleinen ionischen Tempel und einen korinthischen Rundtempel. Letzterer ist seit dem 18. Jahrhundert seiner spektakulären Lage wegen unendlich oft gezeichnet und gemalt worden. Das andere Projekt war der Neubau des Heiligtums für Hercules Victor, der weit über die Stadt hinaus verehrt wurde (Abb. 29). Er galt gleichermaßen als Helfer in der Schlacht, Schützer der Herden und Beförderer des Handels. Sein Heiligtum lag wie das der Fortuna in Praeneste vor der Stadt am Abhang zur

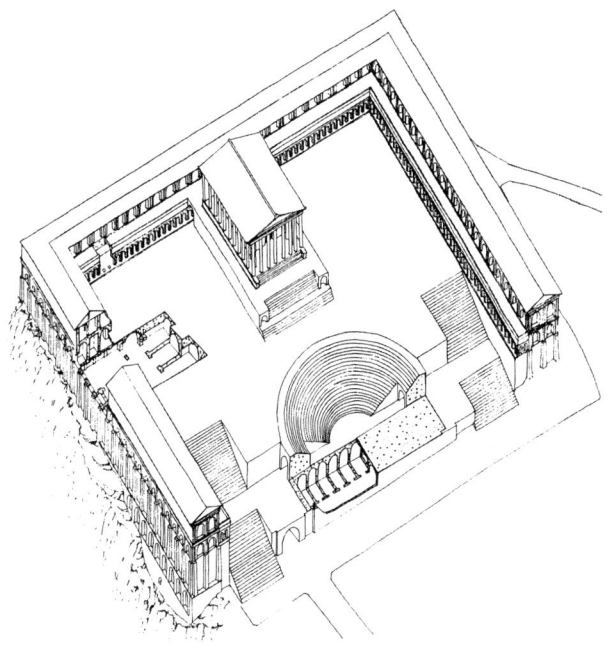

29 – Tibur/Tivoli, Herculesheiligtum am Anstieg zur Stadt

Ebene, dort, wo die aus Rom kommende *Via Tiburtina* steil zur Stadt hin ansteigt. Das gigantische Projekt hob den Tempel und den weiten Tempelplatz (152 × 119 Meter) auf mehrstöckige Substruktionen, durch die die Straße in einem Tunnel nach oben geführt wurde. Am Steilhang zum Aniene hin sind große Teile der hohen Substruktionsfassade noch erhalten, so dass man die dem Gelände angepassten, übereinander getürmten Arkadenbögen bis heute bewundern kann. Der Tempelplatz selbst wurde auf drei Seiten von Arkaden gesäumt, über denen man dann auch noch eine Portikus baute. Doch nicht genug damit, tiefte man auf der zur Ebene offenen Langseite Theatersitze wie in Palestrina ein. Finanziert wurden solche Bauprogramme teils von den führenden Familien der Stadt, teils von römischen Aristokratenfamilien, die den Städten durch Herkunft oder als Patrone verbunden waren.

Bei der Neugestaltung der Stadt und der Akropolis von Alatri war es sogar ein Einzelner, der die enormen Kosten für das die ganze

Stadt umfassende Bauprogramm trug: L. Betilienus Varus. Eine Inschrift gibt uns eine Vorstellung von dem Umfang, den solche Unternehmungen annehmen konnten. Gebaut wurden: die Pflasterung aller Straßen in der Stadt, eine Portikus, die zur Akropolis führte, ein Platz für die Spiele (*campus*), eine Sonnenuhr, ein überdachtes Marktgebäude (*macellum*), die Erneuerung des Verputzes der *basilica*, Sitze (für das Theater oder die *curia*), ein Schwimmbecken (in den Thermen?), eine Zisterne und schließlich auch noch ein Aquädukt, das das Wasser auf Bögen in die Stadt führte und dort (mit einer Druckleitung) auf eine Höhe von 340 Fuß hob. Die zum Teil noch sichtbaren Reste bezeugen, dass damals der ganze mitten in der Stadt liegende Burgberg architektonisch neu gefasst worden sein muss. Den sicher ebenfalls erneuerten Tempel, der sich auf einem Plateau inmitten des Akropolisplateaus an der Stelle des heutigen Domes erhob, stiftete vermutlich ein weiterer Mäzen.

Dies sind nur wenige Beispiele für die Bauprogramme, mit denen die Städte Mittelitaliens sich im römischen Staatsverband Geltung zu verschaffen suchten. Dabei baute man oft weit über den tatsächlichen Bedarf hinaus und strebte danach, sich wie in Praeneste und Tibur gegenseitig zu übertreffen. Wie im Falle des Fortunatempels von Praeneste trat der eigentliche Anlass des Baus häufig gegenüber dem repräsentativen Gepräge der weit ins Land hineinwirkenden Schauarchitektur völlig zurück. Diese Periode des Sich-zur-Schau-Stellens und Sich-Übertreffens dauerte nur wenige Generationen und fand schon in der frühen Kaiserzeit ein Ende, als die Städte Mittelitaliens gegenüber denen in den wirtschaftlich viel potenteren Provinzen mehr und mehr zurückfielen. Doch war diese Periode, was die urbanistische Erneuerung der alten Städte und deren architektonische Gestaltung betrifft, die zweifellos schöpferischste Phase des römischen Städtebaus.

II.

ROM IN DER KAISERZEIT

Nach dem Sieg über Marc Anton in der Schlacht von Actium (31 v. Chr.) bestimmte Augustus, dass es in Rom nur ihm selbst und dem Kaiserhaus zukomme, Tempel und öffentliche Gebäude zu errichten oder zu erneuern. Dabei blieb es dann auch unter seinen Nachfolgern. Wo zuvor die großen Aristokratenfamilien und Feldherren miteinander konkurriert hatten, konkurrierten jetzt allenfalls einzelne Kaiser mit ihren Vorgängern.

Die Fülle und Vielfalt der Bauten, die unter Augustus errichtet wurden, sind nur schwer in Kürze zu referieren. Zunächst baut der junge Octavian (den Ehrentitel «Augustus» erhielt er erst im Jahre 27 v. Chr.) noch selbstherrlich wie ein Pompeius: Er errichtet im nördlichen Marsfeld ein riesiges Mausoleum für sich selbst und auf dem Palatin den weithin sichtbaren Apollontempel, neben dem er ein mit dem Tempel verbundenes Haus bezieht, ganz nach dem Vorbild der hellenistischen Königsresidenzen. Obwohl er sich von diesem Stil des Auftrumpfens schon nach wenigen Jahren völlig abwendet, geben beide Bauten eine Ausrichtung für die Zukunft vor. Auf dem Palatin breitete sich unter Augustus' Nachfolgern schon im 1. Jahrhundert n. Chr. ein Palast aus, der bereits unter Domitian den ganzen Hügel besetzte. Und das nördliche Marsfeld entwickelte sich nach und nach zu einem Ort für die Bestattung und Verehrung der vergöttlichten Kaiser.

Bald nach dem Sieg über Marc Anton kam es unter dem Motto «Wiederherstellung der Republik» auch in Augustus' Bautätigkeit zu einer Wende. Auf der einen Seite war seine Baupolitik nun von einer konservativen und pragmatischen Grundhaltung bestimmt.

Er erneuerte die vom Verfall bedrohten alten Tempel ebenso wie viele der Bauten, die auf die großen Gestalten der Republik zurückgingen (Abb. 30). Auf der anderen Seite aber ließ er selbst prächtige neue Marmorbauten errichten, so dass er am Ende seines Lebens feststellen konnte, er habe eine Stadt von Ziegeln übernommen und hinterlasse eine aus Marmor. Jedoch verzichtete er auf den Versuch einer umfassenden Neugestaltung des Stadtbildes, wie sie Caesar vorgeschwebt hatte. Das hatte zur Folge, dass die im Wildwuchs der späten Republik entstandenen Stadtteile lange Zeit – manche für immer – bestehen blieben. Mit seinen großen neuen Tempelbauten wollte Augustus die von ihm intendierte religiöse und moralische Erneuerung anschaulich werden lassen. Das ging Hand in Hand mit einer sakralen Überhöhung des Herrscherhauses, auf die die Ausstattung der Heiligtümer und Repräsentationsbauten ebenso überall verwies wie die Fülle der Ehrenmonumente, die für Augustus von den verschiedensten Seiten im öffentlichen Raum errichtet wurden.

Als *princeps*, wie er sich jetzt bescheiden nannte, ließ er sich im Übrigen in seinem Handeln von einem weitgehenden Pragmatismus leiten. Zum Beispiel kümmerte er sich um die Wasserversorgung sowie um die Sicherung der Getreidelieferungen und deren Verteilung (*cura annonae*). Er ließ die Bestimmungen für den Häuserbau erneuern und verbessern, etwa indem er die Höhe der Gebäude begrenzen ließ. Er richtete eine gut organisierte Feuerwehr für alle Stadtviertel ein, die gleichzeitig auch polizeiliche Funktionen wahrnahm. Die Probleme in den chaotischen Wohnvierteln aber blieben offenbar weitgehend bestehen.

Die Stadt selbst wurde in 14 Regionen und 265 Wohnviertel (*vici*) eingeteilt. Doch selbst ein solch nüchterner Verwaltungsakt erfuhr eine religiös-politische Überhöhung, die auch baulich sichtbar wurde. Denn in jedem der *vici* sollte – zweifellos auf einen Wink von oben – ein kleines Heiligtum zur Verehrung der Laren und mit diesen zusammen auch des Genius des Augustus errichtet werden. Es waren die einfachen Leute, die Freigelassenen und Sklaven, die die Initiative zur Einrichtung dieser Kultkapel-

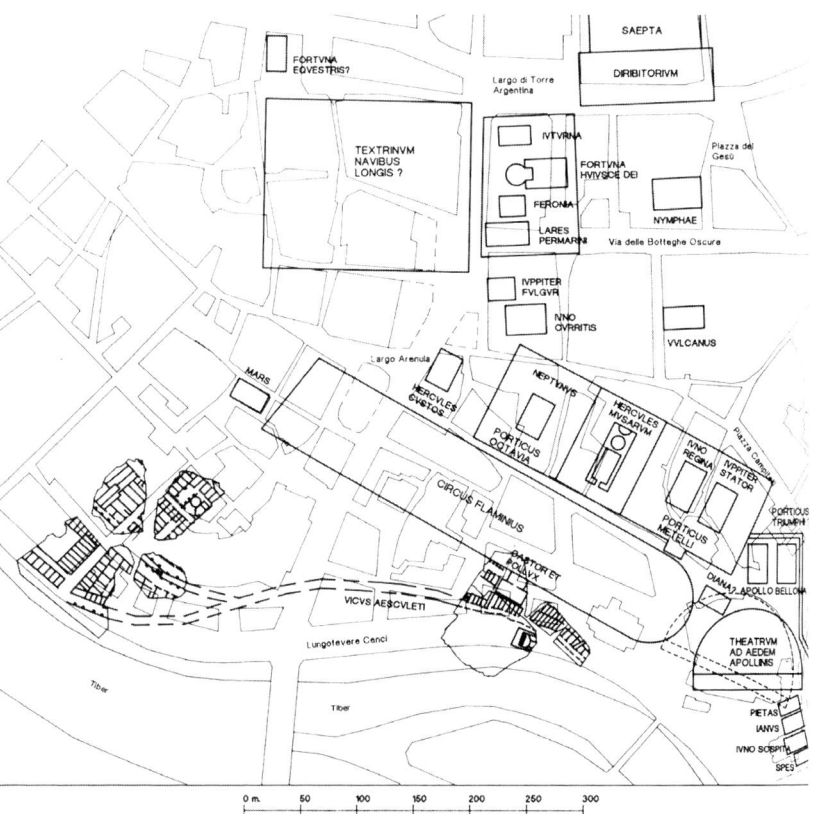

len ergreifen sollten und die dann auch die sakralen Ämter besetzten, so dass sie fast stillschweigend eine neuartige Form der Herrscherverehrung einführten.

30 – Das Marsfeld im 2. Jahrhundert v. Chr. Rekonstruktion aufgrund der Grabungen und der Fragmente der *Forma Urbis*

Die Vielfalt der Bauaufgaben empfahl zunächst eine Arbeitsteilung. Augustus übernahm vor allem die von seinem Adoptivvater Caesar unvollendet hinterlassenen Bauten und die großen neuen Sakralbauten. Agrippa, der bewährte Helfer des Augustus, beaufsichtigte die Wasserleitungen und viele andere Bauten zur Verbesserung der städtischen Infrastruktur.

1. Das *Forum Romanum* wird zu einem Kaiserplatz

Das Forum hatte schon durch die Eingriffe Caesars wesentliche Veränderungen erfahren. Nach der Neugestaltung durch Augustus war es völlig von den Ehrenmonumenten für den Herrscher und sein Haus beherrscht (Abb. 31). An der östlichen Schmalseite stand jetzt ein Tempel für den vergöttlichten Caesar (*Divus Iulius*), der von Ehrenbögen für Augustus und die beiden als Nachfolger vorgesehenen Enkel und Adoptivsöhne Gaius und Lucius Caesar flankiert war. Diesen wurde auch die einst von Caesar begonnene *Basilica Iulia* gewidmet. Nach dem frühen Tod der beiden erneuerte Tiberius als neuer Erbe den Concordiatempel und stattete ihn im Inneren und Äußeren aufs Reichste mit Statuen und Bildern aus. Später errichtete der Senat als Pendant zum Partherbogen des Augustus auf der gegenüberliegenden Seite einen Triumphbogen für Tiberius.

Von nun an waren die Kaiser auf dem altehrwürdigen *Forum Romanum* so präsent, dass die verbliebenen Erinnerungsmale der Republik demgegenüber völlig zurückgetreten sein müssen. Die Eingriffe der späteren Kaiser veränderten die von Caesar und Augustus geprägte Gestalt des Platzes dann nicht mehr grundlegend. Neben dem Saturntempel errichtete der Senat einen Tempel für den vergöttlichten Vespasian. Domitian versuchte, den Platz durch ein überdimensioniertes Reiterdenkmal zu usurpieren, das erfreulicherweise seiner *damnatio memoriae* zum Opfer fiel, aber durch ein nicht weniger aufwendiges Monument zu Ehren Trajans ersetzt wurde (Abb. 48). Septimius Severus erhielt einen Ehrenbogen zur Rechten der *Rostra*, dessen Größe die früher für Augustus und Tiberius errichteten bei Weitem übertraf. Erst von den Tetrarchen wurde der freie Platz um 300 n. Chr. dann noch einmal durch eine Reihe von Säulenmonumenten und eine zusätzliche Rednerbühne eingeengt.

Trotz all dieser Ehrenmonumente hat das *Forum Romanum* in der Kaiserzeit seine ursprünglich zentrale politische Bedeutung weitgehend verloren. Zwar fanden hier noch immer Staatsrituale

31 – Das *Forum Romanum* in der Kaiserzeit

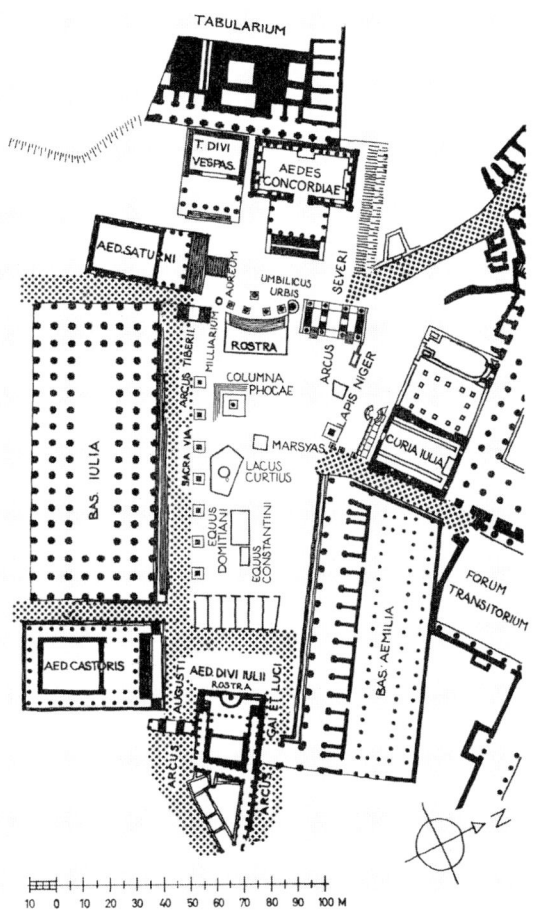

statt, die Basiliken dienten nach wie vor für Prozesse, und der tägliche Verkehr und das Geschäftemachen gingen weiter. Aber der Platz selbst war zu einem Repräsentationsplatz geworden. Als solcher veranschaulichte er Alter und Bedeutung Roms, vor allem aber die Herrschaft der Kaiser. Urbanistisch war das Forum der Kaiserzeit mit dem gedrängten Nebeneinander der hoch aufragenden Marmorbauten und der Fülle von Heiligtümern und Ehrenmonumenten aus unterschiedlichen Zeiten, die das Gedächtnis an die Kaiser und daneben an Geschichte und Mythos präsent zu halten versuchten, ein einzigartiger Erinnerungsraum, mit dem allerdings unsere heutigen Augen wegen der Überfüllung der eng nebeneinander stehenden Bauten eher Probleme gehabt hätten. Anders die sogenannten Kaiserfora.

2. Die Kaiserfora

Caesar war, wie wir bereits hörten, der Erste, der neben dem *Forum Romanum* einen eigenen, neuen Platz, das *Forum Iulium* mit dem Tempel für die Ahnherrin seiner Familie Venus Genitrix, zu bauen begonnen hatte. Augustus führte ihn zu Ende und errichtete daneben das größere und prächtigere *Forum Augustum* mit einem großen Tempel für Mars Ultor (Abb. 32). Anlass war neben der kaiserlichen Selbstdarstellung der ständig steigende Bedarf an Räumen für Handel, Rechtsverkehr und auch Vorträge aller Art. Auf dem Augustusforum wurde diesem Bedarf vor allem durch die tiefen Hallen der den Platz rahmenden Portiken mit ihren weit ausschwingenden Exedren entsprochen. Gleichzeitig bot das neue Forum die Möglichkeit, die Herrschaft der iulisch-claudischen Familie in einer bislang unbekannten Dichte als gottgewollte Erfüllung der römischen Geschichte zu propagieren.

Der Tempel für den Kriegsgott Mars, den Augustus bereits im Kampf gegen die Caesar-Mörder zu bauen gelobt hatte, beherrschte den Platz. Es war ein mächtiger, aufs Reichste ausgestatteter Marmorbau, in dem unter anderem die von den Parthern zurückgegebenen römischen Feldzeichen als kostbare Reliquien aufbewahrt wurden. Die Übertragung eines Großteils der mit der Kriegsführung verbundenen Rituale auf den neuen Tempel machte diesen zudem zu einem Schauplatz militärischer Aktivitäten. Hier wurden Kriege erklärt, Feldherren entsandt, Gesandte empfangen. Die Heranwachsenden erhielten hier ihre *toga virilis*, mit der sie in ihre Rechte als römische Bürger eintraten. In den Exedren und Säulenhallen dagegen ließ Augustus die bisherige Geschichte Roms seit dem Stadtgründer Romulus in einem durch-

32 – Das Augustusforum (Rekonstruktion nach R. Meneghini)

dachten Statuenprogramm feiern und zugleich zeigen, dass die glorreiche Vergangenheit in der Herrschaft seiner Familie ihr von Anfang an vorgesehenes Ziel erreicht hatte. Ehrenbögen zu Seiten des Tempels für die Prinzen Drusus und Germanicus verwiesen auf die Fortdauer des gottgewollten Regimes der iulisch-claudischen Familie. Gegen die nördlich unmittelbar anschließenden Wohngebiete mit ihren dichtgedrängten Häusern war das *Forum Augustum* durch eine Umfassungsmauer geschützt, die noch heute in eindrucksvoller Höhe erhalten ist. Sie bot Schutz vor Bränden und Unrat und markierte gleichzeitig eine symbolische Grenze. Wer aus den dunklen Gassen der Wohnviertel durch die Eingangstore auf den Platz trat, war von der Helligkeit und Weite des Marmorplatzes umgeben, erlebte die Pracht des neuen Rom gleichsam physisch.

Doch es blieb nicht bei diesen beiden neuen Fora. Der Bedarf an Platzanlagen wuchs weiter, und das Beispiel des Augustus wurde eine Herausforderung für seine Nachfolger. Als nächster Kaiser baute Vespasian nach der Niederwerfung der Juden und der Beendigung der Bürgerkriege das *Templum Pacis* (70–75 n. Chr., Abb. 33). Es war, wie der Name sagt, weniger ein Forum als eine

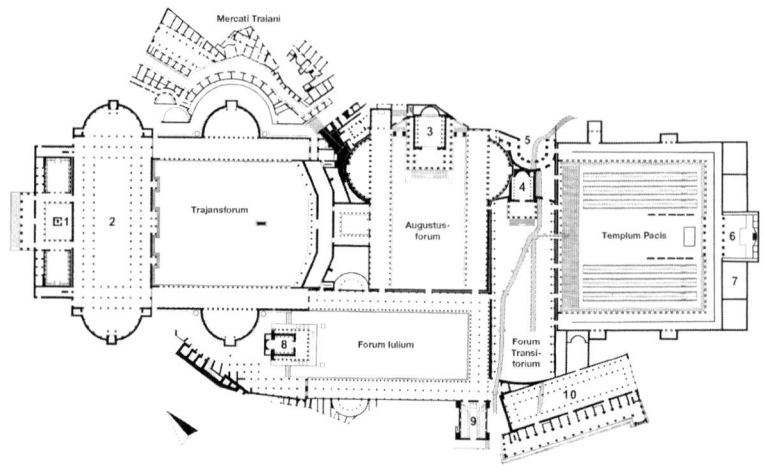

33 – Die Kaiserfora in Rom (Rekonstruktion nach R. Meneghini) 1 Trajanssäule, 2 *Basilica Ulpia*, 3 Tempel des Mars Ultor, 4 Tempel der Minerva, 5 *Porticus Absidata*, 6 Tempel der Pax, 7 Halle mit der *Forma Urbis*, 8 Tempel der Venus Genetrix, 9 *Curia*, 10 *Basilica Aemilia*

große Parkanlage mit vielen Brunnenläufen, ein Erholungsort und Siegesdenkmal zugleich, vergleichbar den Portiken der republikanischen Feldherren auf dem Marsfeld, nur erheblich größer (110 × 135 Meter). Den Grundriss kennen wir von Fragmenten der *Forma Urbis*, des großen marmornen Stadtplans (18 × 13 Meter), der in einer der Hallen des *Templum Pacis* angebracht war; anderes haben die jüngsten Ausgrabungen ergeben. In den Säulenhallen und Exedren ließ Vespasian im Hinblick auf den wiedergewonnenen inneren und äußeren Frieden beziehungsvoll Kunstschätze aus der *Domus Aurea* des Nero (darunter die Statuengruppe des Laokoon) und die aus dem Tempel von Jerusalem geraubten heiligsten Kultgegenstände der Juden, so den siebenarmigen Leuchter und den Tisch für die Schaubrote, ausstellen. Flavius Josephus schreibt um 70 n. Chr., dass hier Gegenstände zusammengetragen worden seien, für deren Besichtigung ehedem eine Weltreise nötig gewesen wäre (*De Bello Iudaico* VII, 5, 7).

Es muss jedenfalls auch für die Bewohner der engen und schmutzigen *Subura* unmittelbar dahinter ein sehr attraktiver Ort gewesen sein, der ihnen Erholung und frische Luft bot, ähnlich wie die weiter östlich mitten in einem Wohngebiet liegende *Porticus Liviae*, die Augustus auf dem Esquilin schon 7 v. Chr. zu Ehren seiner Gattin Livia und ihres Sohnes Tiberius als Ort der Volkserholung hatte einrichten lassen (Abb. 49).

Das *Templum Pacis* liegt zwar in der Achse des Augustusforums, schloss aber nicht direkt an dieses an, sondern ließ einen Durchgangskorridor für den Verkehr zum *Forum Romanum* auf einer Straße, dem *Argiletum*, die an der *Curia* in das Forum mündete. Diesen Korridor begann Domitian bereits 20 Jahre später durch einen schmalen Platz zu schließen, der von einem Tempel beherrscht wurde. Vollendet wurde das entsprechend seiner Funktion «Durchgangsforum» (*Forum Transitorium*) genannte Bauwerk aber erst von Nerva im Jahre 97 n. Chr. War das Augustusforum noch durch seine Umfassungsmauer gegen die Wohnviertel abgeriegelt, so lud das *Forum Transitorium* die Besucher gleichsam zum Eintreten ein. Der Tempel war Minerva, der Schutzgöttin Domitians, geweiht – diese war aber auch die Patronin der Handwerker, deren Werkstätten sich in der dahinterliegenden *Subura* aneinanderdrängten.

Das letzte und weitaus größte Kaiserforum erbaute Trajan und bezahlte es aus der Beute des Krieges gegen die Daker. Es wurde 112 n. Chr. noch unvollendet eingeweiht. Da der Platz westlich des Augustusforums nicht ausreichte, ließ Trajan in einer bis dahin unerhörten Aktion den Abhang des Quirinalhügels bis zu einer Höhe von 35 Metern abtragen, was der Höhe der Trajanssäule entspricht und auf deren Inschrift eigens rühmend vermerkt wird. Als Befestigung des Erdreiches ließ er einen vom *Forum Traianum* getrennten, hochinteressanten Ziegelbau, die sogenannten *Mercati Traiani*, errichten, die man zu großen Teilen von ihren mittelalterlichen Überbauungen befreien konnte. Die heute wieder zugängliche Anlage ist dem abschüssigen Terrain entsprechend abgestuft und enthält Räume unterschiedlicher Dimensionen, die durch Wege und Treppenfluchten miteinander verbunden sind. Wahrscheinlich beherbergte der Bau gleichermaßen Geschäfte wie Verwaltungsräume. Die *Mercati Traiani* hinterfangen die Säulenhallen und Exedren an der Nordostseite des *Forum Traianum* und folgen deren Verlauf, sind aber durch Umfassungsmauern völlig von diesem Forum geschieden – ein eindrucksvolles Beispiel für die rigorose Trennung von Kommerz und staatlicher Repräsentation.

Das Trajansforum selbst besteht aus dem eigentlichen Platz, in dessen Mitte sich ein kolossales Reitermonument für Trajan befand, der *Basilica Ulpia*, die an Größe und Pracht alle früheren Basiliken übertraf (176 × 59 Meter) und der Trajanssäule, die sich jenseits der Basilika zwischen zwei Bibliotheksgebäuden erhob und in der 117 n. Chr. Trajans Asche beigesetzt wurde. Problematisch bleibt die Frage des Haupteingangs. Aufgrund neuer Forschungen wird angenommen, dass der Tempel des vergöttlichten Trajan nicht wie bis dahin angenommen im Norden als dessen Abschluss gestanden haben kann, sondern dass sich das Forum dort vielmehr mit einem mächtigen Torbau zum Marsfeld hin öffnete. Doch scheint in dieser Sache das letzte Wort noch nicht gesprochen zu sein.

Lediglich schmalere Durchgänge verbanden das Trajansforum mit dem Augustusforum und vermutlich auch mit dem *Forum Iulium*. Es bot mehr überdachten und polyfunktional nutzbaren Raum als alle früheren Fora, zumal der Architekt (wahrscheinlich Apollodorus von Damaskus) das Motiv der Exedren vom Augustusforum aufnahm und die Portiken wie die Basilika durch weit ausschwingende Exedren noch erweiterte. Tatsächlich scheint der so geschaffene Raum für Gerichte, Staatsakte (Marc Aurel versteigerte zum Beispiel auf dem Trajansforum einen Teil seines Privatschatzes für seine Kriege), Verwaltung und Versammlungen für die nächsten Generationen ausreichend gewesen zu sein.

Verglichen mit dem Augustusforum ist das Kaiserlob, das die Statuen auf dem Trajansforum verbreiteten, einfach. Gefeiert wurde Trajan als der große Sieger über die Daker. Wohin das Auge

34 – Das Trajansforum, Portikus und Eingang zur *Basilica Ulpia* (Rekonstruktion nach R. Meneghini)

blickte, sah es Statuen der gefangenen Daker sowie Panzerstatuen des Kaisers und seiner Feldherren (Abb. 34). Die Reliefs der Trajanssäule schilderten die Feldzüge detailliert und scheinbar objektiv. Die beiden Bibliotheken zu Seiten der Säule waren den griechischen und lateinischen Autoren gewidmet, enthielten aber auch Archive.

Überblickt man die Kaiserfora einschließlich des *Templum Pacis* als eine urbanistische Einheit, so fällt auf, dass wir es mit einer Abfolge von großen Raumeinheiten zu tun haben, die jeweils völlig in sich geschlossen waren. Für die Besucher der Kaiserfora ergaben sich von Platz zu Platz neue und verschiedenartige Raumerlebnisse, denn jedes Forum unterschied sich vom nächsten in seinen Raumgruppen und in seiner Ausstattung. Insgesamt aber ging man wie in den Portiken und Heiligtümern des Marsfeldes durch eine Welt von Marmorbauten, die nicht von lärmigen und schmutzigen Straßen unterbrochen wurden, in der sich vielmehr Pracht und Fülle gegenseitig steigerten.

Den Gegensatz zu den Wohnvierteln «draußen» kann man sich nicht krass genug vorstellen. Und in dieser Marmorwelt fanden Gerichtstermine für Römer und Fremde statt, hielten Rhetoren und Philosophen Vorträge, trugen die Dichter ihre Werke vor. Die Räume der Portiken und Basiliken konnten durch Vorhänge zwar notdürftig unterteilt werden, aber es blieben allemal weite offene Räume. Das bedeutete in der Praxis, dass das staatliche Handeln einen Grad von Öffentlichkeit besaß, den wir von keiner anderen historischen Gesellschaft kennen. Wir müssen unsere Phantasie zu Hilfe nehmen und uns die Räume gefüllt mit kleinen und größeren Gruppen denken, die mit einem der Gerichtsverfahren zu tun hatten oder einen Vortrag anhören wollten, oder solchen, die nur müßiggängerisch herumstanden und zuschauten.

Mit Blick auf die urbanistische Entwicklung des kaiserzeitlichen Rom lassen sich an den Kaiserfora zwei wesentliche Merkmale beobachten: zum einen die «Konkurrenz», der die Kaiser als Bauherren angesichts der Bauten ihrer Vorgänger ausgesetzt waren. Wie bei den Fora versuchten die Kaiser bzw. der Senat oft auch bei anderen Bauten und Monumenten – so bei den Tempeln, Thermen oder Ehrenbögen –, die jeweiligen Vorgängerbauten desselben Typus an Größe und Ausstattung zu übertreffen. Zum anderen sehen wir die bedenkenlosen Eingriffe und die Zerstörungen bestehender Strukturen. Da es keinen «Stadtentwicklungsplan» gab und jeder Kaiser seine Bauten als in sich geschlossene Einheiten plante, für die man keine organischen Anschlüsse für nötig hielt, wurden die Großbauten ohne Rücksicht auf das vorhandene Wegenetz und auf den Charakter der benachbarten Bauten in dem jeweiligen Stadtviertel errichtet. Das hatte auch zur Folge, dass wichtige Verbindungswege von den Umfassungsmauern der großen Repräsentationsbauten einfach durchgeschnitten und so in Sackgassen verwandelt wurden. Sehr gut kann man das unverbundene Nebeneinander auf einigen Fragmenten der *Forma Urbis* sehen, etwa an der Portikus des Balbustheaters, an deren Exedra zwei Wege durchschnitten wurden (Abb. 35), oder an der Portikus

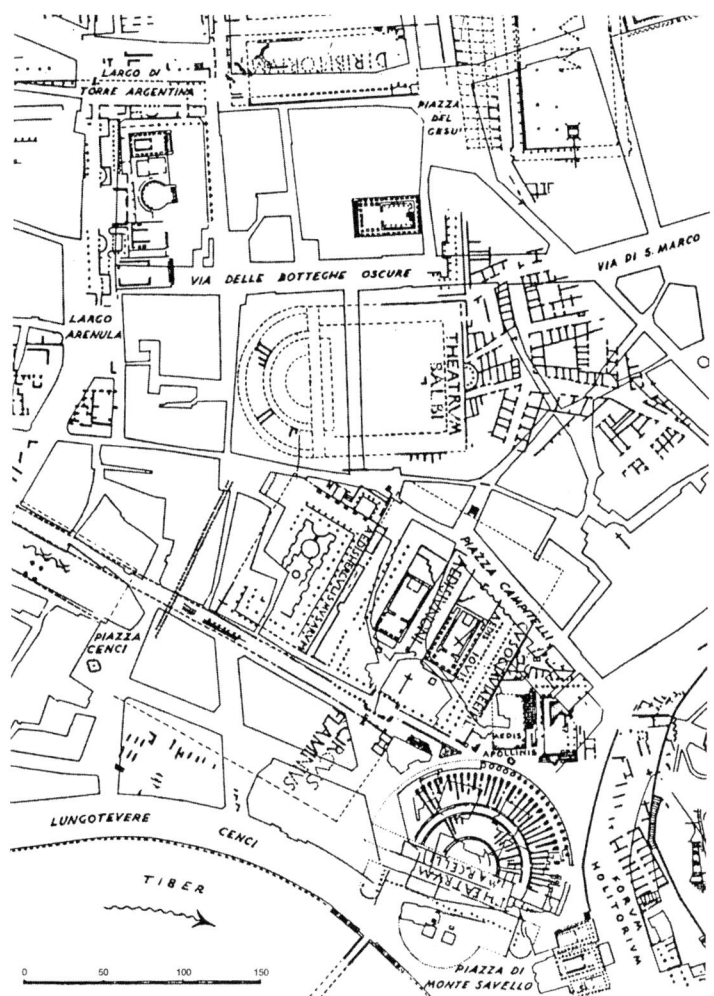

der Livia, deren Grundriss noch deutlich erkennen lässt, wie auf allen Seiten bestehende Gebäude für den Neubau abgerissen werden mussten (Abb. 49). Dasselbe gilt für die Thermen des Diokletian und wohl auch für viele Lagerhäuser. Diese Bedenkenlosigkeit herrschte jedoch nicht von

35 – Das Marsfeld, mit Balbustheater und Wegenetz im Zentrum. Rekonstruktion unter Verwendung von Fragmenten der *Forma Urbis*

Anfang an. Wir hören zum Beispiel, Augustus habe sein Forum kleiner als ursprünglich vorgesehen anlegen müssen, weil er vor Zwangsenteignungen zurückschreckte. Und der unregelmäßige Verlauf der nördlichen Abschlussmauer scheint dies tatsächlich zu bestätigen. Spätere Kaiser brauchten ganz offensichtlich keine solchen Rücksichten mehr zu nehmen.

3. Bauten für das Volk

Trotz des lebhaften Betriebes und der überall präsenten Geschäfte in Buden und im Freien herrschte auf den Fora eine wohl eher gehobene Atmosphäre, die ihrer Funktion als Räume des Kultes, der staatlichen Repräsentation und der ruhmreichen Erinnerungen entsprach. Ganz anders sah es auf dem Marsfeld aus. In dessen südlichem Teil scheint der Charakter eines Ortes der Unterhaltung und des Zeitvertreibs in der Kaiserzeit noch erheblich gesteigert worden zu sein (Abb. 35). Viel trug dazu bereits Agrippa mit seinen um 35–20 v. Chr. gebauten Thermen bei. Sie wurden von neuen Wasserleitungen gespeist und bestanden nicht nur aus noch verhältnismäßig bescheidenen Thermengebäuden, sondern auch aus einem großen Schwimmbecken im Freien und einer weitläufigen Parkanlage, die von einem Wasserlauf (*euripus*) durchzogen und mit Statuen geschmückt war. Agrippas Thermen stehen am Anfang einer langen Reihe von immer größeren Thermenbauten, auf die wir gleich noch zu sprechen kommen. Nicht weit davon lagen die zum großen Teil von Augustus erneuerten und erweiterten eleganten Portiken am *Circus Flaminius* und daran anschließend drei Theaterbauten: das Theater des Pompeius (Abb. 20, 21) mit seiner großen Portikus, das Marcellustheater am Apollontempel (Abb. 36) und das Theater des Balbus, ebenfalls mit Säulenhallen. Von antiken Autoren wissen wir, dass alle diese Portiken unabhängig von der Primärfunktion der Baukomplexe als Fora, Heiligtümer oder Theater vor allem auch als Promenaden dienten. Als solche bildeten sie zusammen mit den Kaiserfora ein weit gefächertes System überdachter und kostbar ausge-

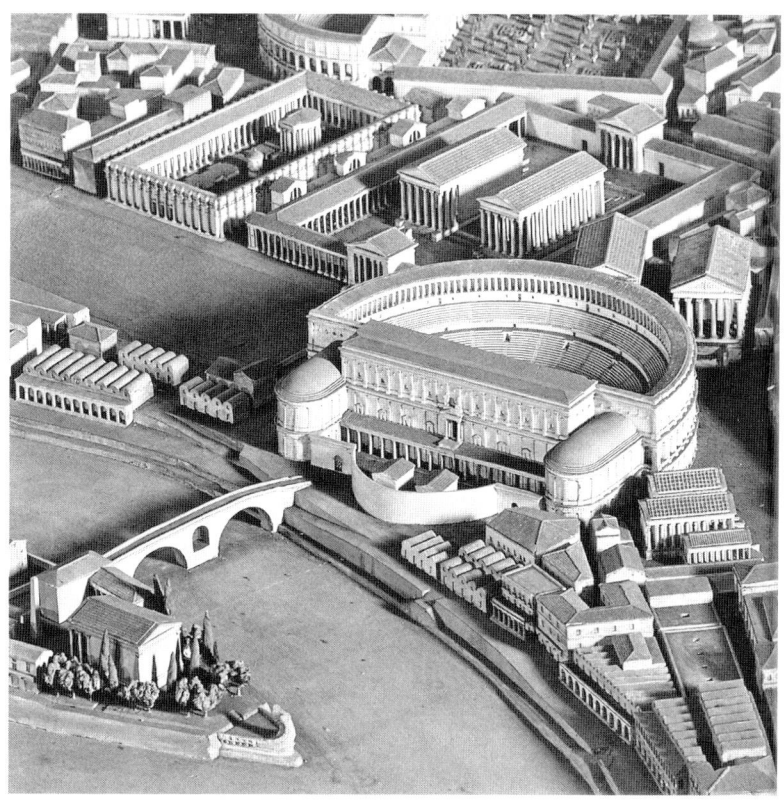

36 – Das Marcellustheater und die Portiken dahinter. Modell im Museo della Civiltà Romana, Rom

statteter Räume, das die zentralen Bereiche des öffentlichen Lebens der Stadt umfasste.

Auch nach Augustus erneuerten die Kaiser die alten Stiftungen der Feldherren und bauten neue, viele hundert Meter lange Säulenhallen dazu (Abb. 38). Ein Teil der Hallen beherbergte Verkaufsstände, in denen vor allem Waren des sogenannten gehobenen Bedarfs und ausgesprochene Luxusartikel angeboten wurden. In den *Saepta*, die Caesar als Wahllokal geplant hatte, konnte man später kostbare Möbel, Trinkgefäße, Schmuck, Kleinbronzen und schöne langhaarige Hausklaven kaufen. Anderswo gab es Buch- und Antiquitätenläden. Viel besucht war die von Agrippa erbaute *Porticus*

37 – Die Markussäule in Rom und der Tempel des vergöttlichten Kaisers Hadrian. Stich aus dem 17. Jahrhundert

Vipsania oder *Europa*, die unmittelbar an dicht besiedelte Wohngebiete grenzte. Auch während der Kaiserzeit fand man auf dem Marsfeld Sportler, die zum Beispiel entlang der *Aqua Virgo* ihre Runden zogen. Aus dem, was die Dichter berichten, könnte man den Eindruck gewinnen, dass das Publikum auf dem Marsfeld sich überwiegend aus Müßiggängern, wohlhabenden Käufern und den dazugehörigen Schmarotzern, aus Theaterbesuchern und Gauklern zusammengesetzt hat. Die Wirklichkeit war sicher vielgestaltiger – man denke nur an die vielen Tempel und an den großen Gebäudekomplex, in dem sich die Anhänger der ägyptischen Kulte versammelten.

Zweifellos bildeten die Portiken abwechslungsreiche Erlebnisräume ganz unterschiedlicher Art. Gegen die zum Teil unmittelbar angrenzenden Wohngebiete schlossen sie sich ähnlich wie das Augustusforum mit undekorierten Mauern ab. Jeder Bezirk hatte seinen eigenen Bildschmuck und seine eigene Atmosphäre. Das Nebeneinander der Anlagen konnte wohl auch als ein Nebeneinander von Orten bestimmter historischer Erinnerungen erlebt werden. Man befand sich hier gleichzeitig in der Gegenwart und in der Vergangenheit, was zu Vergleichen einlud. Wie die Tri-

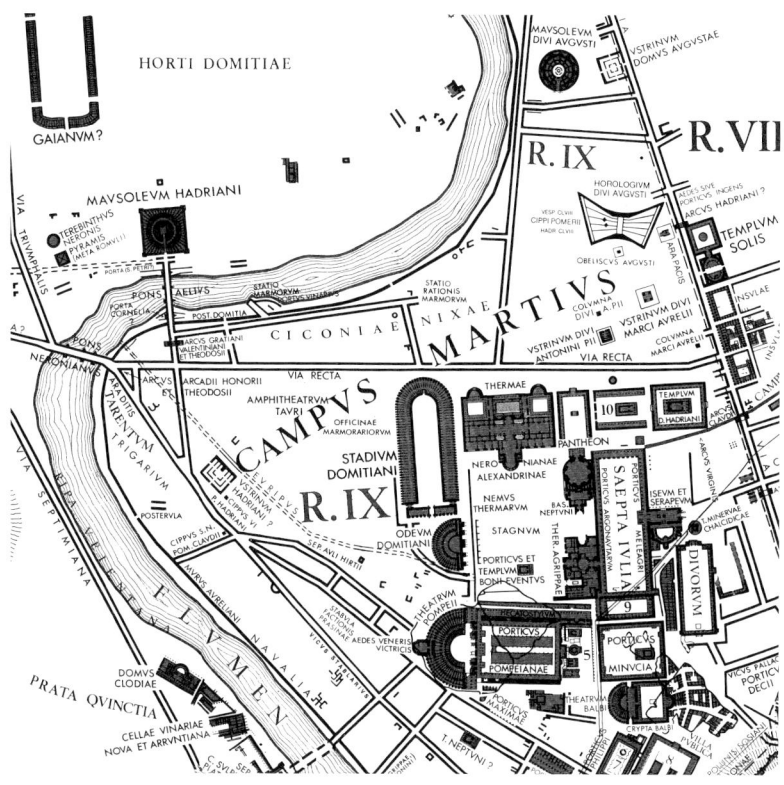

38 – Mausoleum des Augustus, Mausoleum des Hadrian sowie die *ustrina* und Ehrensäulen für Antoninus Pius und Marc Aurel

umphatoren der späten Republik ließen die Kaiser neben politischen Bildern überall in den Portiken und den dazugehörigen Tempeln berühmte griechische Statuen und Gemälde sowie Beutestücke und Trophäen ausstellen. In den Promenaden der Portiken machten die Kaiser das öffentliche Leben – von der Politik über die Rechtspflege bis zum Einkaufszentrum – in gewisser Weise auch zum Gegenstand der Unterhaltung. Sie schenkten den Römern damit einen Teil dessen, was früher den Reichen in ihren Villen vorbehalten gewesen war.

Einen ganz anderen Charakter besaß der nördliche Teil des Marsfeldes, der sich im Laufe der Kaiserzeit zu einer eigenartigen

Apotheoselandschaft entwickelte. Vom Mausoleum des Augustus haben wir bereits gehört. Der mächtige Bau stand jedoch nicht lange allein. Ab dem 2. Jahrhundert n. Chr. wurden nicht weit davon entfernt Tempel für die vergöttlichten Kaiser errichtet. Dazu kamen Ehrensäulen, von denen die für Marc Aurel errichtete nach dem Vorbild der Trajanssäule von unten bis oben mit Reliefs verziert war (Abb. 37). Nicht weit davon standen die Verbrennungsplätze (*ustrina*) der verstorbenen Herrscher, die ebenfalls als Denkmäler ausgestaltet waren. Blickte man von hier über den Tiber, so sah man dort das mächtige Grabmal des Hadrian, das man verständlicherweise die *moles Hadriani* (Hadrians Steinmasse) nannte (Abb. 38).

4. Bauten zur Unterhaltung der *plebs*: Theater, Circus und Amphitheater

Das Rom der Kaiserzeit war eine Stadt der Spiele und Theater. In keiner anderen Stadt gab es damals so große und reich ausgestattete Theater-, Circus- und Arenabauten. Die Bautypen entsprachen den unterschiedlichen Funktionen. Die Theater standen in griechischer Tradition, allerdings mit bezeichnenden Unterschieden, die direkt mit der hierarchischen Gesellschaftsordnung in Rom korrespondierten. Anders als die Theater der demokratischen griechischen Poleis unterwarf das römische Theater die Besucher einer strikten, nach sozialem Rang gegliederten Sitzordnung. Durch ein System von Treppen und Umgängen in der Substruktion des Zuschauerraumes wurde jeder auf den ihm zukommenden Platz geführt. Der zweite Unterschied lag in der privilegierten Position oder besser Zurschaustellung des Herrschers oder seines Repräsentanten über den wie Ehrenbögen gestalteten Eingängen zu Seiten der Bühne.

Beim Tod des Augustus gab es in Rom die eben schon erwähnten drei großen Theaterbauten: Zum Theater des Pompeius hatte sich das Marcellustheater des Augustus gesellt, benannt nach dessen früh verstorbenem Neffen, der als Thronfolger ausersehen war

39 – Der *Circus Maximus* und der Kaiserpalast. Modell im Museo della Civiltà Romana, Rom

(Abb. 36). Das Theater des Balbus hingegen war der letzte Großbau, den Augustus einem nicht zum Herrscherhaus gehörigen Sponsor zu errichten erlaubt hatte. Bei diesen drei Theatern sollte es für den Rest der Kaiserzeit bleiben. Offenbar genügten ihre Räume für den Bedarf an gehobener Unterhaltung in Form klassischer Tragödien und Komödien sowie vor allem der überaus beliebten Pantomimen.

Statt auf Theater konzentrierten sich die Kaiser nach Augustus auf die Orte, an denen die beim Volk beliebtesten Spiele und Schaustellungen stattfanden, auf die Circus- und Arenabauten. Dazu kamen noch die Naumachie auf dem anderen Tiberufer, in der man Seeschlachten aufführte, und später das Stadion des Domitian, die heutige *Piazza Navona* (Abb. 41). Wie bei den Thermen ging es den Kaisern auch in diesem Sektor der Massenkultur darum, dem Volk prachtvoll ausgestattete Bauten zu bieten, die die Zuschauermassen möglichst effektiv bewältigten.

40 – Sesterz aus den Jahren 103–111 n. Chr. mit dem *Circus Maximus*

Im Circus fanden vor allem die Pferderennen statt. Der *Circus Maximus* übertraf die anderen Rennbahnen in Rom, den *Circus Flaminius* und den Circus des Nero beim Vatikan, bei Weitem, obwohl er vor Augustus noch aus nicht viel mehr als Erdwällen und der Rennbahn selbst bestanden hatte (äußere Maße 620 × 140 Meter). Erst dank der Erweiterungen und Verschönerungen durch mehrere Kaiser verwandelte er sich zu einem der prächtigsten Bauten der Stadt (Abb. 39). Schon in der 2. Hälfte des 1. Jahrhunderts n. Chr. soll er Platz für 150 000 Zuschauer geboten haben; nach mehreren Bränden und den Erweiterungen durch übereinandergetürmte Sitzreihen unter Domitian und Trajan könnten über 300 000 Menschen Platz gefunden haben. Ein damals geprägter Sesterz (Abb. 40) kann wenigstens eine vage Vorstellung von dem grandiosen, heute fast vollständig zerstörten Bau geben, so dass man erahnen kann, weshalb ihn Dionys von Halikarnass zu den schönsten Monumenten der Stadt zählte: Wir sehen aus der Vogelperspektive in den Circus hinein, wo es dem Stempelschneider abgesehen von den Arkaden mit den zwei Fensterreihen der oberen Ränge besonders um die Andeutung der auf dem Mittelstreifen (*spina*) aufgereihten berühmten Monumente, allen voran des Obelisken aus Theben in Ägypten, ging. Als Kaiser Constantius 357 n. Chr. Rom besuchte, ließ er den mehr als 32 Meter hohen Obelisken, der heute vor dem Lateran steht, als Geschenk nach Rom bringen und ihn auf der *spina* neben dem Obelisken des Augustus und den anderen Sehenswürdigkeiten (die sein Vater Konstantin nicht hatte abräumen und nach Konstantinopel schaffen lassen) aufstellen.

Der *Circus Maximus* lag unmittelbar unter dem Kaiserpalast, so dass der Kaiser nicht nur in seiner Loge zwischen den Sitzrei-

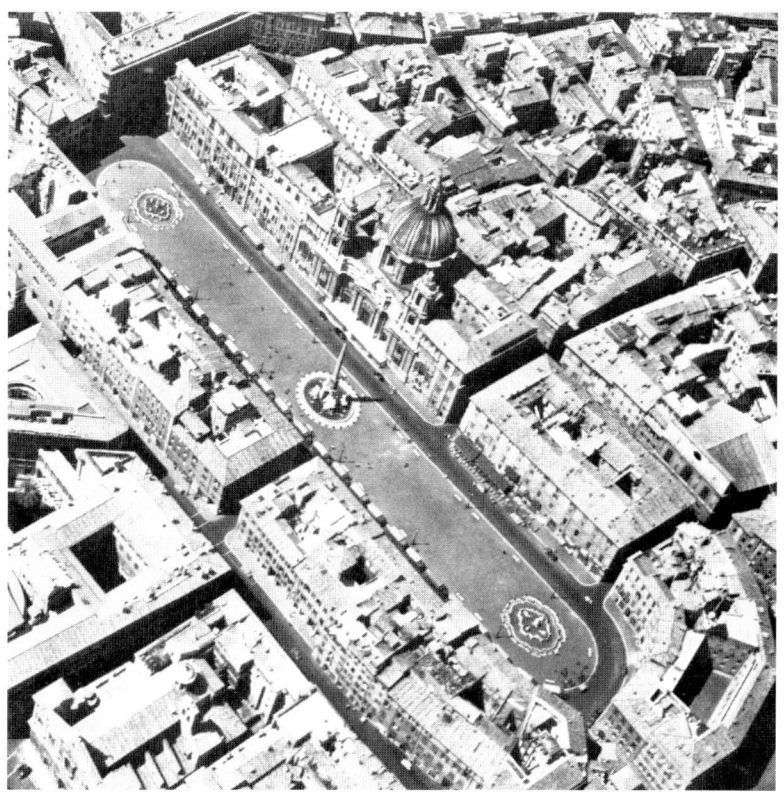

41 – Die *Piazza Navona*, das ehemalige Stadium des Domitian

hen, sondern auch vom Palast aus an den Spielen teilnehmen und so die Vergnügungen mit dem Volk teilen konnte. Die politische Symbolik dieses räumlichen Bezugs war offenbar so wirkungsvoll, dass dieser bei den späteren Kaiserpalästen der Tetrarchen und in Konstantinopel nachgebaut wurde.

In seiner Form mit dem *Circus Maximus* verwandt, wenn auch wesentlich kleiner sowie ganz anderer Herkunft und Bestimmung war das eineinhalb griechische Meilen (275 Meter) lange Stadium, das Domitian 86–90 n. Chr. erbauen ließ. Es ist an der *Piazza Navona* vergleichsweise gut erhalten und prägt noch heute das römische Stadtbild (Abb. 41). Hier fanden die alle fünf Jahre abgehalte-

42 – Blick auf das Kolosseum und den Konstantinsbogen vom Palatin. Stich, um 1845

nen Wettkämpfe (*certamen Capitolinum*) in griechischer Athletik zusammen mit Musikwettbewerben in dem davor gelegenen Odeum statt, neben denen sich aber bald die so beliebten Gladiatorenkämpfe und andere Arenaspiele breitmachten. Dasselbe gilt im Übrigen auch für die vielen Stadien im griechischen Osten. Dort hatte sich das alte griechische Stadion, das noch ein einfacher Kampfplatz der Athleten gewesen war, zu arenenartigen Spielplätzen entwickelt, die in vieler Hinsicht die von den Griechen nicht übernommene römische Arena ersetzten. Eines der besten Beispiele bietet das Stadion von Aphrodisias, das wie der domitianische Bau in Rom Platz für 30 000 Zuschauer geboten haben soll.

Das Amphitheater dagegen war von Anfang an der Ort der Gladiatorenspiele, Tierkämpfe und nicht zuletzt auch der öffentlichen Hinrichtungen. Wie bei den Theatern scheint der römische Senat aus Furcht vor Volksprotesten zunächst auch gegen steinerne Amphitheater Vorbehalte gehabt zu haben. Während wir in

Kampanien bereits aus den letzten Jahrzehnten der Republik eine Reihe von Amphitheatern kennen, fanden in Rom die Gladiatorenspiele noch lange in einer ephemeren Holzarena auf dem *Forum Romanum* statt (Abb. 23). Erst um 30 v. Chr. baute Statilius Taurus das erste steinerne Amphitheater der Stadt, vermutlich nicht weit vom *Circus Flaminius*. Anders als beim Amphitheater von Pompeji lagen die Sitzreihen hier auf Substruktionen. Das *Amphitheatrum Tauri* scheint vor allem in seiner Fassadengliederung das Vorbild für eine Reihe augusteischer Arenabauten im nördlichen Italien geworden zu sein.

Der vollkommenste Arenabau aber war das Kolosseum der Flavier in Rom (Abb. 42, 43). Vespasian ließ es nach 69 n. Chr. auf dem Gelände von Neros *Domus Aurea* errichten und bezahlte es aus der Beute seines Krieges gegen die Juden. Als Stätte für das Volk sollte es ein politisches Gegenmonument zu dem prunkvollen Palast Neros darstellen. Zweifellos war es die teuerste Baustiftung eines römischen Kaisers überhaupt. Schon seine Maße können beeindrucken (188 × 156 Meter). Die ausgefeilte Logistik des

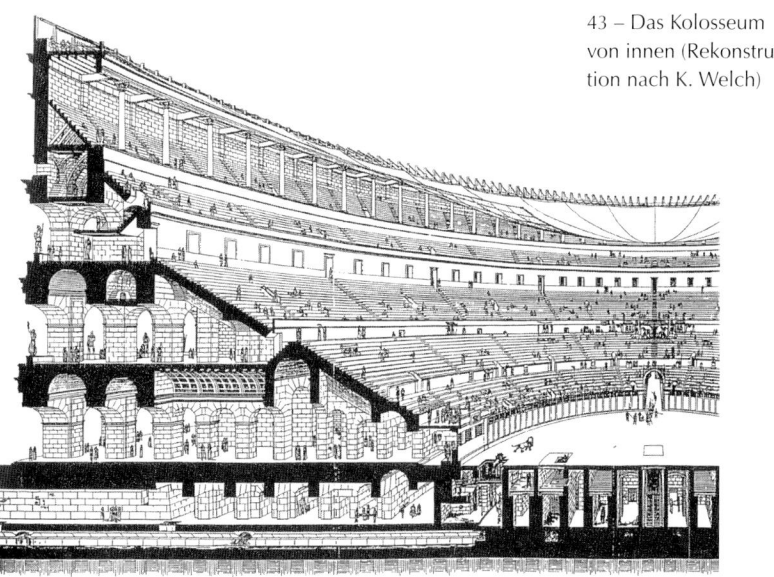

43 – Das Kolosseum von innen (Rekonstruktion nach K. Welch)

Treppen- und Verteilersystems, das einen schnellen und kontrollierten Zu- und Abfluss der mehr als 50 000 Besucher garantierte, stand hier wie in den Theatern ganz im Dienst einer strengen Platzverteilung entsprechend dem jeweiligen sozialen Stand. Jeder Besucher wusste, durch welchen der nummerierten Arkadenbögen er den ihm zustehenden Platz erreichen konnte. Gedränge gab es deshalb allenfalls ganz oben auf den Plätzen der Frauen, Sklaven und Fremden ohne Status, für die jedoch insgesamt nur vergleichsweise wenige Plätze bereitgehalten wurden und die man zudem an ihren dunklen Mänteln erkennen konnte. Die Bürger aber, für die das Gros der Sitze über den Reihen der Senatoren und Ritter bestimmt war, wurden noch dadurch zusätzlich herausgehoben, dass sie sich im Gegensatz zu den *sordidi*, den «Schmutzigen», festlich zu kleiden, das heißt eine weiße Toga anzuziehen hatten. Das Amphitheater war kein Fußballstadion – dank der strengen Sitz- und Kleiderordnung konnte sich das Volk, wenn es hier zusammensaß, in seiner ständischen Verfasstheit gleichsam selbst, als Staatsvolk, erleben. Den Kaiser sah man, wenn er anwesend war, in seiner Loge, die wie im Circus und im Theater auch architektonisch hervorgehoben war. Der Anblick des vollen Kolosseums mit dem Herrscher im Zentrum muss überwältigend gewesen sein. Die aus Anlass der Eröffnungsspiele im Jahre 80 n. Chr. geprägten Münzen geben eine Vorstellung von dieser Ästhetisierung der Masse.

In den Theatern, im Amphitheater und im Circus machten die Kaiser die Orte der Spiele zu Orten der Politik. Die Anwesenheit des Herrschers gab dem Volk Gelegenheit, in Sprechchören seine Begeisterung, aber auch seinen Unmut zum Ausdruck zu bringen. Mehr noch: Das Volk wirkte durch seine Anwesenheit auch bei der Vernichtung der Staatsfeinde mit. Diese war natürlich, wie alle öffentlichen Hinrichtungen, auch abschreckend gemeint. Zugespitzt könnte man sagen, dass die Kaiser selbst der Arena den Anstrich einer «moralischen Anstalt» zu geben versuchten.

Auch in den Spielpalästen stoßen wir wieder auf die Leitmotive kultureller Überhöhung. Nicht nur die *scaenae frons* (die Schaufassade der Bühne) in den Theatern, sondern auch die Arkaden des Kolosseums waren nach Ausweis von Münzen mit Statuen ausgestattet, und selbst die Gewölbe waren mit stuckierten Szenen mythologischer Thematik dekoriert. Die Spiele hatten außerdem in Rom ihren ursprünglichen Zusammenhang mit religiösen Festen nie verloren. Bei den Eröffnungsritualen wurden Götterbilder mitgetragen und anschließend im Circus sogar in einem kleinen Tempel inmitten der Zuschauerränge aufgestellt. Auch der wagenfahrende Sonnengott war hier als Schutzgott der Wagenfahrer in einem eigenen Tempel gegenwärtig. Die Gestalt des anwesenden Kaisers und der ihn feiernden Bilder verschmolzen in dieser religiösen Aura mit den traditionellen Götter- und Mythenbildern zu einer Einheit.

5. Die Kaiserthermen

Den Höhepunkt der kaiserlichen Repräsentationsbauten in Rom stellten zweifellos die großen Kaiserthermen dar. Wie bei den Kaiserfora kann man auch hier eine Steigerung des Bauvolumens von Bau zu Bau feststellen. Waren die Thermen des Agrippa und des Nero auf dem Marsfeld noch vergleichsweise überschaubare Anlagen gewesen, so erreichte Trajan mit seiner «Thermenlandschaft», die er über einem Teil der abgerissenen *Domus Aurea* des Nero auf dem Oppius errichten ließ, eine ganz neue Dimension (Abb. 44). Die eigentlichen Baderäume im Zentrum des riesigen Areals stellen sich hier nur mehr als Teil eines größeren Ganzen dar. Sie waren umgeben von einer Grünanlage mit Gärten und Sportplätzen, nach außen hin aber von einem hohen Gebäuderahmen eingefasst und wie die Portiken und Kaiserfora zu den Wohngebieten hin abgeschlossen. Die später gebauten Thermen des Caracalla (211–217 n. Chr.) und des Diokletian (284–305 n. Chr.) waren sogar noch größer. Die Diokletiansthermen bedeckten eine Fläche von nicht weniger als 136 000 Quadratmetern und sollen 3200 Besucher gleichzeitig haben aufnehmen können. Anders als die kleinen *balnea* (Bäder) dienten diese Großbauten nicht mehr

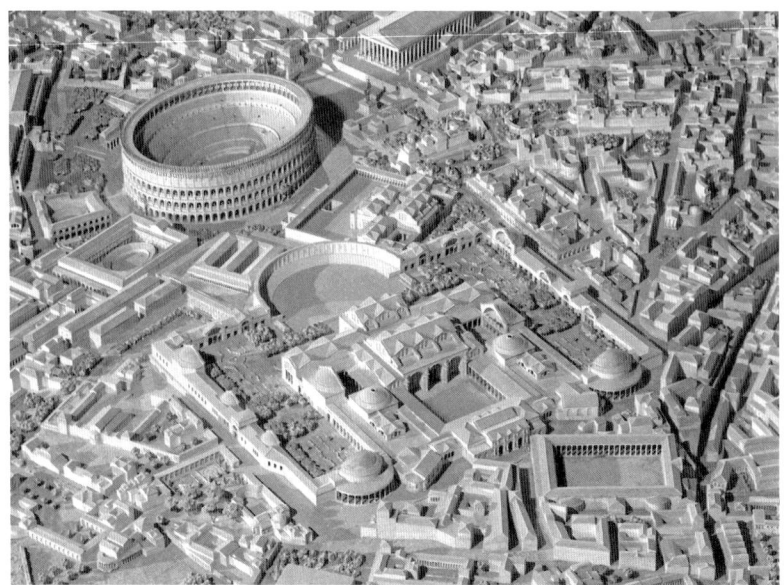

44 – Die Thermen des Trajan in Rom, dahinter das Kolosseum. Modell im Museo della Civiltà Romana, Rom

primär der einfachen Körperreinigung. In Wirklichkeit waren die Kaiserthermen wahre Freizeitzentren, in denen man sich stundenlang die Zeit vertreiben konnte.

Der Stadtplan zeigt, dass die Kaiser diese Thermengeschenke in die am stärksten bevölkerten Teile der Wohnstadt legten (Abb. 45). Bei den Trajans- und bei den Diokletiansthermen wissen wir, dass sie an dicht besiedelte Wohnviertel grenzten bzw. in rigoroser Weise mitten in diese hineingesetzt waren. In diesen stadtteilbezogenen Thermen trafen sich – anders als auf dem Marsfeld – Bürger, die im weiteren Sinne Nachbarn waren, aber durchaus verschiedenen Schichten der Bevölkerung angehörten. Die Kaiser organisierten den Thermenbesuch als ein Gemeinschaftserlebnis und schufen damit neben den Flaniermeilen der Portiken eine weitere neue Form von Öffentlichkeit. Die Abfolge des eigentlichen Baderituals war einerseits vergleichsweise konsequent durchorganisiert, andererseits boten die großen zentralen Hallen, die Schwimmbecken, Höfe und Gartenanlagen eine Fülle an

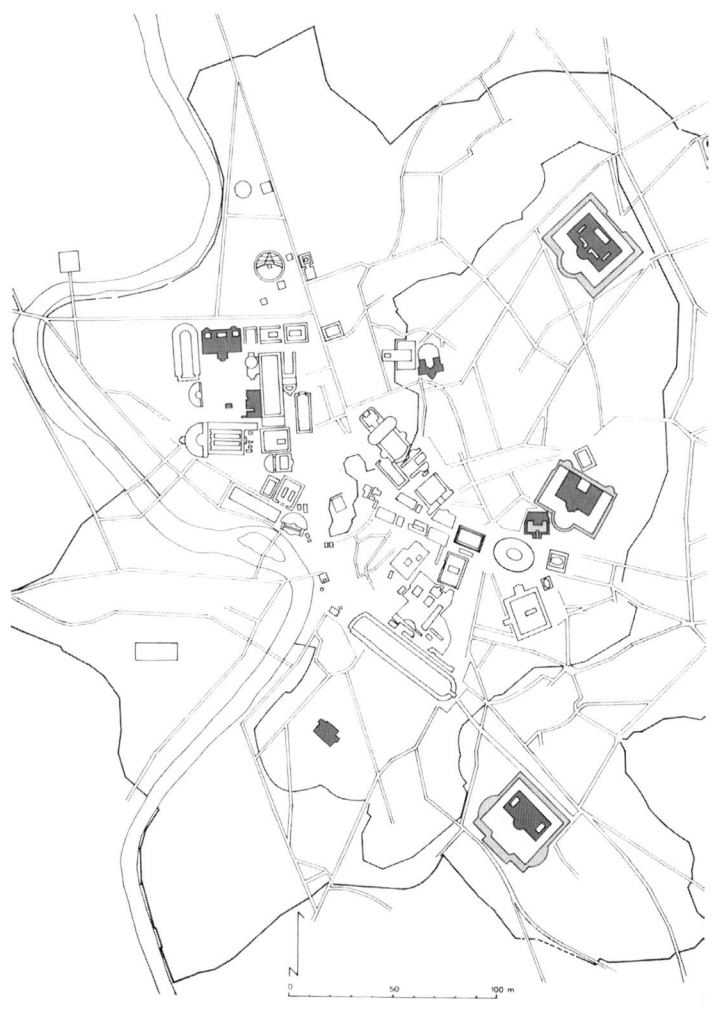

45 – Lage der Kaiserthermen in Rom

Raum für freie Bewegung und Begegnungen. Die in die großen Umfassungsbauten der Kaiserthermen eingelagerten Gänge, Kryptoportiken, Vortragssäle, Wandel- und Ruhehallen, theaterartigen Exedren und Bibliotheken hatten mit dem eigentlichen Badebetrieb nichts zu tun. Sie waren für unterschiedlichste Formen der Unter-

46 – Die Thermen des Diokletian in Rom. Rekonstruktion von E. Paulin, 1885

haltung und Beschäftigung bestimmt. Wie in den Theatern und den Portiken des Marsfeldes oder des *Templum Pacis*, so begegnete der Besucher auch hier einer Fülle von Statuen und konnte sich an der Pracht der Marmorsorten erfreuen. Man könnte geradezu von Volkspalästen sprechen, so üppig war die Ausstattung der Kaiserthermen (Abb. 46).

6. Die Präsenz der Kaiser im Stadtbild

Aber die Kaiser bauten in Rom nicht nur fürs Volk, sie bauten auch für sich selbst. Trotz der von Augustus gewählten pseudorepublikanischen Staatsideologie prägten sie mit ihren eigenen und den zu ihren Ehren errichteten Bauten das Stadtbild in eindringlicher Weise. Schon das Haus, das der junge Augustus auf dem Palatin bezogen und eng mit dem von ihm erbauten Tempel für Apollon verbunden hatte, war ein in hohem Maße politisch konzipierter Bau, zumal Augustus es später als eine Art Staatswohnung deklarieren ließ. Die weit über den Palatin hinaus bis

47 – Kaiserpalast in Rom, Blick in die *Aula Regia*. Rekonstruktion von G. Gatteschi, 1924

auf den Oppius ausgreifende *Domus Aurea* des Nero blieb eine ephemere Erscheinung. Aber bereits Domitian (81–96 n. Chr.) ließ mit der *Domus Flavia* einen repräsentativen, seiner Funktion entsprechenden Palast errichten, in dem der private Wohnbereich von einem Repräsentationstrakt mit weiten und prächtig ausgestalteten Empfangsräumen getrennt war (Abb. 47). Zusammen mit den früheren Häusern der iulisch-claudischen Familie bedeckte der kaiserliche Wohnsitz mit seinen Gärten nun bereits den gesamten Palatin. Die *Domus Flavia* blickte nach zwei Seiten beherrschend auf die Stadt. Vom Forum sah man auf die hohen Substruktionen der sogenannten *Domus Tiberiana*, und vom *Circus Maximus* und dem Aventin aus erblickte man auf hohen Substruktionen die Wohnung der Kaiser. Die Öffnung der Südfassade in Gestalt einer weiten Exedra zum *Circus Maximus* hin (Abb. 39) versinnbildlichte gleichsam die permanente Präsenz des Herrschers bei den Spielen, auch wenn er nicht *in persona* in seiner herausgehobenen Loge zwischen den Zuschauerreihen der Bürger saß.

Der Palatin war jedoch nicht der einzige Ort, an dem sich die Kaiser in Rom regelmäßig aufhielten. Bereits unter Caligula (37–41 n.Chr.) waren die bekanntesten und luxuriösesten *horti* (Parks) der späten Republik in kaiserlichen Besitz übergegangen. Die Kaiser nutzten sie auch als eine Art privater Bühne. So empfing zum Beispiel Caligula eine Gesandtschaft der alexandrinischen Juden in den *Horti Maecenatis et Lamiae* auf dem Esquilin, andere Kaiser sprachen in einem der Gärten auf einem dort aufgestellten Tribunal Recht, und Vespasian zog die *Horti Sallustiani* auf dem Pincio generell dem Palatin als Aufenthaltsort vor.

Die seit Claudius mit wenigen Ausnahmen nach ihrem Tod vergöttlichten Kaiser blieben auf dem nördlichen Marsfeld in Gebäuden und Monumenten präsent. Auch hier stand Augustus mit seinem Mausoleum und mit der für ihn veranstalteten Apotheosefeier am Anfang. Nach seinem Vorbild führte man nach ihm die verstorbenen Herrscher in einer Art Triumphzug in umgekehrter Richtung vom Palatin über das Forum auf das Marsfeld. Dort wurden ihre sterblichen Überreste verbrannt, und aus den Flammen trug ein Adler den zum Gott (*Divus*) verwandelten Kaiser in den Himmel. Eine ganze Reihe von Tempeln und Altären, Ehrensäulen und monumentalisierten Gedenkstätten an den Plätzen, an denen die Scheiterhaufen gebrannt hatten, hielten das Gedächtnis der zu Staatsgöttern mit eigenem Kult erhobenen Herrscher wach. Heute kann uns allein die Markussäule (Abb. 37) eine Vorstellung vom Aufwand des Kaiserkultes in diesem Stadtteil geben, der den vergöttlichten Herrschern zugewiesen war und zu dem auch das Pantheon gehörte. Dieses war ursprünglich von Agrippa in hellenistischer Tradition als ein Tempel für den Kult der iulischen Familie gedacht. Augustus schwächte diese Bestimmung, was seine eigene Person betraf, zwar ab, aber die Nähe zum Apotheosegelände ließ das Pantheon zu einem Bindeglied zwischen den Vergnügungsbauten für das Volk im südlichen Teil des Marsfeldes und den Orten der vergöttlichten Herrscher im nördlichen werden.

Zur kaiserlichen Präsenz im Stadtbild gehörten natürlich auch die unzähligen Ehrenmonumente, die von «Senat und Volk» und vielen anderen Gruppen wie Einzelpersonen für die Kaiser errichtet wurden. Dabei zogen besonders die zahlreichen monumentalen Triumph- und Ehrenbögen den Blick auf sich, denn sie standen oft an besonders auffälligen Standorten. Da sie häufig die verkehrsreichsten Straßen, wie den Anfang der *Via Aurelia*, den heutigen *Corso*, überspannten, konnten sie die Passanten in einer sehr direkten Weise beeindrucken – nicht nur durch ihre Reliefbilder, sondern mehr noch durch ihre massiven Bögen und die bronzenen Statuen, Quadrigen und Siegeszeichen, die sie trugen. Hinzu kam die Allgegenwart der Standbilder der Kaiser und ihrer Familien: auf den Plätzen, in den öffentlichen Gebäuden und nicht zuletzt in den Tempeln, und zwar nicht nur in jenen, die den Kaisern selbst geweiht waren, sondern auch in allen anderen Heiligtümern, in denen sie als Kultgenossen der jeweils verehrten Gottheiten in Statuen präsent waren.

Man darf sich bei der Frage nach der Präsenz der Kaiser in Rom allerdings nicht auf die urbanistischen Strukturen und die wichtigsten Bauten mit ihrem Bildschmuck beschränken. Auch die physische Gegenwart der Protagonisten bei politischen und religiösen Ritualen spielte eine wesentliche Rolle. Dabei begegneten die lebenden Kaiser als Akteure häufig den Monumenten ihrer Vor-

48 – *Forum Romanum*, sogenannte *Anaglypha Traiani* mit Ansprache Hadrians an die Römer (links) und einem großen Monument für Kaiser Trajan (rechts)

gänger. Ein gutes Beispiel bieten die sogenannten *Anaglypha Traiani* auf dem *Forum Romanum*. Auf den beiden langen Marmorschranken ist ein öffentlicher Schuldenerlass dargestellt. Auf dem einen Relief spricht Hadrian zum Volk, während rechts davon eine große, mehrfigurige Statuengruppe zu sehen ist, die eine Wohltätigkeitsstiftung des Kaisers Trajan zugunsten von Waisenkindern (*alimenta*) verewigt (Abb. 48). Die Gegenüberstellung von Bild und Staatsakt auf dem *Forum Romanum* vergleicht den Steuererlass des lebenden Kaisers mit der Tat seines Vorgängers.

Wie auf den *Anaglypha* dargestellt, war der Kaiser in der Öffentlichkeit häufig von seiner Leibwache, den Prätorianern, begleitet. Die Anwesenheit des Militärs gehörte zumindest indirekt zur Präsenz des Kaisers im Stadtbild. Bereits Tiberius ließ für die kaiserliche Leibwache im Nordosten der Stadt außerhalb der Servianischen Mauer ein großes Lager mit einem öffentlich zugänglichen Exerzierplatz erbauen, das später in die Aurelianische Mauer integriert wurde. Die Kasernen der kaiserlichen Reitertruppen lagen dagegen auf der gegenüberliegenden Südostseite bei der heutigen Lateransbasilika. Da sich beide Lager in erhöhter Lage am Stadtrand befanden, müssen sie zusammen mit kleineren Kasernen auf dem Caeliushügel und auf dem nördlichen Marsfeld einen nicht unerheblichen Akzent im Stadtbild ausgemacht haben.

7. Verbesserte Wohnungen

Wir haben oben vom enormen Luxus der Reichen und von den chaotischen Behausungen der Armen in der späten Republik gehört. Dank der ordnungspolitischen Maßnahmen des Augustus um Brandschutz, Begrenzung der Haushöhen etc. hatte sich die Situation für die Ärmeren seit Beginn der Kaiserzeit zwar verbessert; aber es blieb doch in vielen Wohngebieten bei dem gewachsenen Nebeneinander von archaischen Stadtvierteln, in die herrschaftliche Häuser und repräsentative öffentliche Bauten ohne

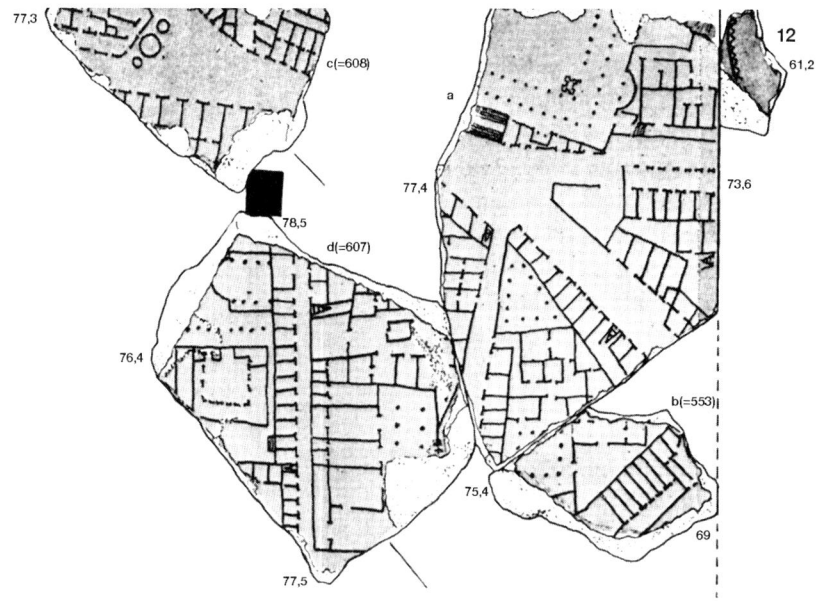

49 – Fragmente der *Forma Urbis* mit einem Stück der *Porticus Liviae* (oben rechts) und einem Platz mit Brunnenbecken (oben links)

weiterführende Stadtplanung hineingesetzt wurden. Auch die solider gebauten Wohnblocks boten je nach Stockwerk und Größe Wohnungen sehr unterschiedlicher Qualität; eine vergleichsweise gute Vorstellung vermitteln einem heute die Reste am Aufgang zum Kapitol sowie die soliden hadrianischen Mietshäuser in Ostia (Abb. 64).

Nero ließ nach dem verheerenden Brand des Jahres 64 n. Chr., der große Teile der Stadt vernichtet hatte, einzelne Bereiche nach einem orthogonalen Plan mit breiten Straßen und Säulengängen sowie regelmäßigen Häuserreihen mit hohen Steinsockeln, begrenzter Bauhöhe und Hofräumen wiederaufbauen – Maßnahmen, die nach dem Urteil des Zeitgenossen Tacitus eine «Verschönerung der Stadt bewirkten» (*Annales* XV, 43). Die Kosten für die Portiken versprach Nero selbst zu übernehmen. Später wurden unter Hadrian die *insulae* (Häuserblocks) zu beiden Seiten des heutigen *Corso* in der Art der Stockwerkbauten von Ostia als moderne Wohnquartiere, mit breiten Portiken zur *Via Flaminia* hin, errichtet. Trotz solcher neuer Wohnbauten bestanden viele alte Wohnviertel weiter, wenn die *Forma Urbis* tatsächlich den Zustand der mittleren Kaiserzeit wiedergibt. Ein eindrucksvolles Beispiel bieten die Fragmente des Plans, die einige Straßenzüge auf dem Esquilin zeigen. Dort hatte Augustus den Palast des Vedius Pollio abreißen lassen und auf dem großen Areal die *Porticus Liviae* als Erholungsort für die sehr dicht besiedelte Gegend geschaffen. Daneben aber sieht man unverändert die alten, unregelmäßigen Straßenzüge (Abb. 49). Es gab zwar durchaus gute Wohngegenden zum Beispiel auf dem Aventin, aber auch ausgesprochen heterogene Viertel mit dem alten Nebeneinander von großen Häusern der Reichen und Mietskasernen für die Ärmeren. Und die Tavernen und Läden in den Erdgeschossen beherrschten überall in der Stadt das Bild. Auch dafür bietet Ostia noch heute anschauliche Beispiele.

Das enorme Wachstum der Stadt seit der Republik ließ Straßen und Ansiedlungen weit über den alten Mauerring des 4. Jahrhunderts v. Chr. hinauswuchern. Man kann sich aufgrund der spärlichen Ausgrabungen und der damaligen Berichte leicht vorstellen, dass man zwischen den großen Villen und den Gräbern an den Ausfallstraßen auch eine bunte Mischung von landwirtschaftlichen Betrieben für den Bedarf der Großstadt vorfand, vom Gemüse- und Obstbau bis zu Gärtnereien unter anderem für den Bedarf an Blumen für die Grabpflege. Statt einem mehr oder weniger fixen Grüngürtel muss man sich das *suburbium* als ein von ständigem Wechsel geprägtes und vermutlich chaotisches Gelände vorstellen.

8. Veränderungen in der Grabkultur

Auch die Wohnungen der Toten veränderten sich mit der Verfestigung der gesellschaftlichen Strukturen in der Kaiserzeit. Bereits früh kann man beobachten, wie sich gesellschaftliche Gruppen zu Grabgemeinschaften zusammenschließen. In der Großstadt Rom

50 – Columbarium der Vigna Codini in Rom

führt dieser Prozess rasch zu gleichförmigeren Gräbern und zur Abwendung von der Öffentlichkeit. Das Konkurrieren mit aufwendigen und auf wirkungsvolle Wahrnehmung abzielenden Grabmonumenten, wie wir es in der späten Republik beobachtet haben, verliert sich nach und nach. Vorreiter der neuen Tendenzen sind die Sklaven des Kaiserhauses, die sich zu Grabgemeinschaften zusammentun und ihre mit Namen beschrifteten marmornen Urnen in wohlgeordneten, unter der Erde liegenden Columbarien bergen lassen (Abb. 50). Adressaten sind hier nur noch die *familiae*, nicht mehr die allgemeine Öffentlichkeit.

In der Folge entwickeln sich unterschiedliche Formen der Vorsorge für die Bestattung, vom Begräbnisverein bis zur Bestattung in der groß genug angelegten Begräbnisstätte des *patronus*. In der Nekropole unter der Peterskirche in Rom ist ein Teil einer Grä-

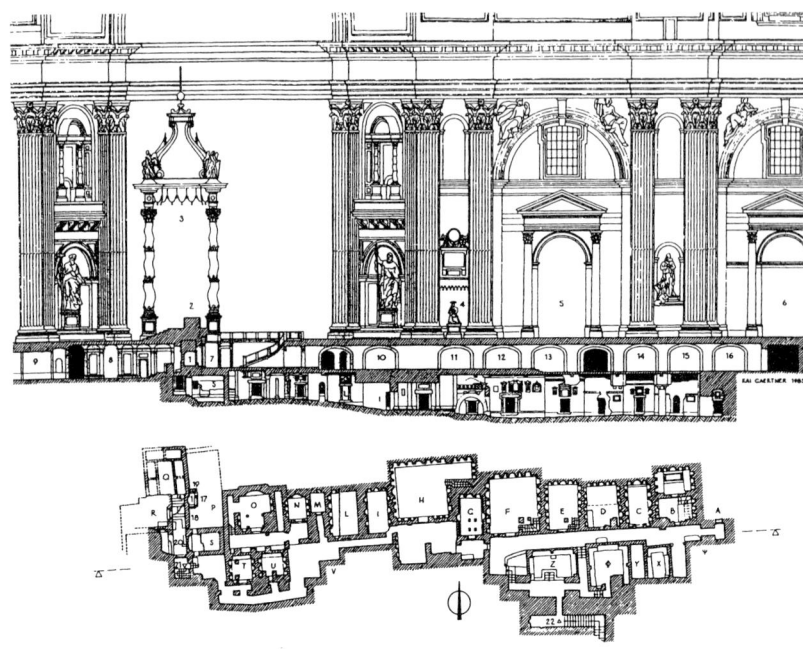

51 – Kaiserzeitliche Grabmonumente unter der Basilika von Sankt Peter in Rom (Aufriss und Grundriss, Zeichnung K. Gaertner)

berstraße ausgegraben worden, in der im 2. Jahrhundert n. Chr. wohlhabende Freigelassene reihenhausartig ihre Grabanlagen nebeneinander setzten (Abb. 51). Die aufwendig ausgeschmückten Innenräume waren für die Gräber des *patronus* und seiner unmittelbaren Angehörigen bestimmt. Die Sklaven der Familie fanden ihr Grab im Vorraum oder unter dem Boden. Auch in Ostia hat man solche Anlagen ausgegraben, in denen mehrere Schichten von Toten lagen; hier wurden natürlich keine Namen mehr genannt. Es ging bei diesen Untergebenen nicht mehr um das Andenken an den Verstorbenen, sondern nur noch um einen Platz im bzw. unter dem Grab des *patronus*.

Selbstverständlich gab es auch im kaiserzeitlichen Rom reichere, ärmere und auch ganz armselige Grabformen. Reiche Familien konnten sich etwa eine Begräbnisstätte in einem eigenen Grabgar-

52 – Grabanlage unter der Basilika von Sankt Peter in Rom

ten (mit dort ansässigem Wächter) leisten, und manche bauten sich regelrechte Grabtempel. Auf der anderen Seite findet man Gräber der Ärmeren, die sich ein übrig gebliebenes Reststück von Grund ergattern konnten und dort einen bescheidenen Grabstein errichteten. Noch Ärmere begruben ihre Toten etwa in einer gebrauchten Amphora und ohne jede Inschrift.

Mit dem Verzicht auf eine nach außen gewandte Repräsentation war jedoch oft eine reiche Ausstattung im Inneren der Gräber verbunden. Die Grabkammern wurden architektonisch gegliedert und mit Stuck und Malerei dekoriert. In einer der Grabkammern unter St. Peter, die einem wohlhabenden Freigelassenen gehörte, versuchte man nicht nur, das Andenken an den toten Grabherrn, seine Frau und seine Tochter zu bewahren, sondern stellte zudem seinen *patronus*, seinen Hausphilosophen und seine Schutzgötter in Form von stuckierten Statuen dar (Abb. 52). Mit der Abwendung von der Öffentlichkeit verband sich ein neuartiger Gefühlskult der Erinnerung und des Umgangs mit den Toten. Am eindrucksvollsten bringen dies die mythologischen Reliefs auf den seit dem frühen 2. Jahrhundert n. Chr. aufkommenden Sarkophagen zum Ausdruck. Die Mythenbilder bewährten sich dabei als eine Form differenzierten Redens über und Rühmens der Toten. Dabei geht es allerdings nicht mehr wie in der späten Republik primär um die Lebensleistung des Einzelnen als vielmehr um die emotionale Verbundenheit der Familie mit den Verstorbenen, um Gefühle der Trauer und der Erinnerung.

III.
DER AUSBAU DER STÄDTE IM KAISERREICH

Wir haben oben gesehen, wie entscheidend bei den Neugründungen der *coloniae* die Lage der Städte an oder besser auf den von Rom ausgehenden Überlandstraßen war (S. 21). Diese führten direkt an *capitolium* und *forum* vorbei durch die Stadt und verbanden diese so auch symbolisch mit ihrer Mutterstadt Rom. Die strenge Anordnung der Straßen im Rastersystem war bei den Städten in der flachen Poebene leicht durchzuführen; sie wurde aber selbst bei widrigem Gelände nicht selten rigoros befolgt, auch wenn durch entsprechende Anpassungen günstigere Straßenführungen möglich gewesen wären, wie wir etwa am Beispiel von Verona (Abb. 8) gesehen haben. Selbst bei sehr schwierigen Geländeverhältnissen bemühte man sich oft um ein einigermaßen rechtwinkliges Straßensystem. Ein wenn auch extremes Beispiel dafür bietet die Altstadt der um 100 n. Chr. gegründeten Veteranenansiedlung in Cuicul/Djemila im heutigen Algerien. Sie liegt auf einem schmalen Höhenrücken und musste schon nach kaum zwei Generationen über eine Senke hinweg in die angrenzende Hochfläche ausgedehnt werden (Abb. 53).

Den Willen der Städte zur Selbstdarstellung konnten die Reisenden oft schon, bevor sie in die Stadt selbst einfuhren, bewundern, und zwar nicht nur an den Grabdenkmälern, sondern auch an den Ehrenbögen, die man gelegentlich schon vor der Stadt für das Kaiserhaus errichtete. So war zum Beispiel in Augusta Praetoria/Aosta (Abb. 54) und in Arausio/Orange schon Hunderte von Metern vor der Stadtmauer ein Ehrenbogen über die Straße gespannt. Anderswo wurde das Tor in der Stadtmauer als Ehrenbo-

53 – Cuicul/Djemila, Luftbild

gen gestaltet wie in Ariminum/Rimini aus Anlass des feierlichen Abschlusses der *Via Flaminia* unter Augustus (27 v. Chr.). Selbst die Mauern gewannen in der frühen Kaiserzeit über das Funktionale hinaus eine neue, zeichenhafte Bedeutung. Für die kleine Landstadt Saepinum in Moli-

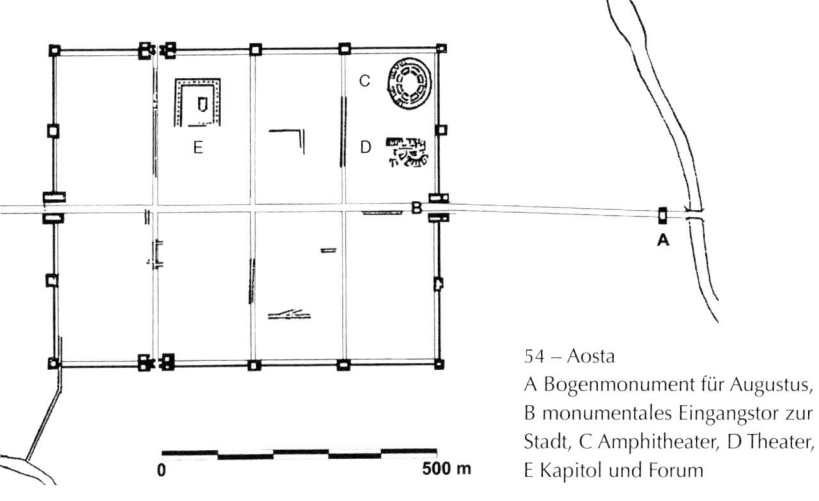

54 – Aosta
A Bogenmonument für Augustus, B monumentales Eingangstor zur Stadt, C Amphitheater, D Theater, E Kapitol und Forum

se zum Beispiel stiftete das Kaiserhaus 4 v. Chr. eine aufwendige Stadtmauer mit Toren, die mit gefangenen Barbaren geschmückt wurde, obwohl die Stadt mitten im Frieden gewiss keine solche Mauer mehr gebraucht hätte. Auch an dem relativ gut erhaltenen Stadttor von Turin waren die eindrucksvollen Türme zu Seiten des Tores überhaupt nicht für eine eventuelle Verteidigung der Stadt geeignet (Abb. 55).

55 – Turin, Porta Palatina

III. Der Ausbau der Städte im Kaiserreich   103

1. Das Zentrum der Städte: *capitolium* und *forum* mit Basilika

Die zentrale Lage und die räumliche Zusammengehörigkeit von *capitolium* und *forum*, von Haupttempel und wichtigstem Platz, entsprach den ideologischen Vorgaben der Zeit, in der das Imperium Romanum immer weiter expandierte. Beide Merkmale wurden auch bei erst später gegründeten Städten in aller Regel zu realisieren versucht. Dadurch, dass die Hauptstraße bei den frühen Stadtgründungen wenn möglich vor dem Kapitol über das Forum verlief, wurde die zentrale Position des Tempels zusätzlich betont, wie man zum Beispiel in Verona (Abb. 8) und Luna (Abb. 7) sehen kann. Gelegentlich verstärkte man diesen Effekt noch dadurch, dass man den Kapitolstempel mit seinem Vorplatz auf einen Sockel legte. Ein schönes Beispiel dafür bietet Brixia/Brescia (Abb. 56), wo der Tempelbezirk dank seiner erhöhten Lage das Forum optisch beherrschte.

Die Fora im Zentrum der Städte veränderten in der Kaiserzeit ihre Funktion und ihr Gesicht in ähnlicher Weise, wie wir es auf dem *Forum Romanum* schon früher beobachten konnten. Denn der Marktbetrieb wurde nun auch hier nach und nach ausgelagert. In Pompeji zum Beispiel wurde er in ein geräumiges, völlig in sich geschlossenes Marktgebäude (*macellum*) verlegt (Abb. 57). Auf den vom Marktverkehr befreiten Fora aber stellte man jetzt vor allem Statuen und Ehrenmonumente für das Kaiserhaus auf. In Pompeji kann man auch noch sehen, wie bei diesem Prozess die Ehrenstatuen für die führenden Männer der Stadt mehr und mehr unter die Portiken verdrängt wurden, während der Platz selbst zunehmend von den großen Monumenten für die Kaiser beherrscht wurde. Mit welcher Konsequenz diese Umwandlung der Fora zu Ehren- und Erinnerungsplätzen mancherorts betrieben wurde und wie sorgsam man dabei die Platzvergabe vornahm, lässt sich aufgrund der erhaltenen Statuenbasen und Inschriften besonders gut für die Fora der nordafrikanischen Städte Thamugadi/Timgad und Cuicul/Djemila rekonstruieren.

56 – Brixia/Brescia, Theater, Kapitol und Forum

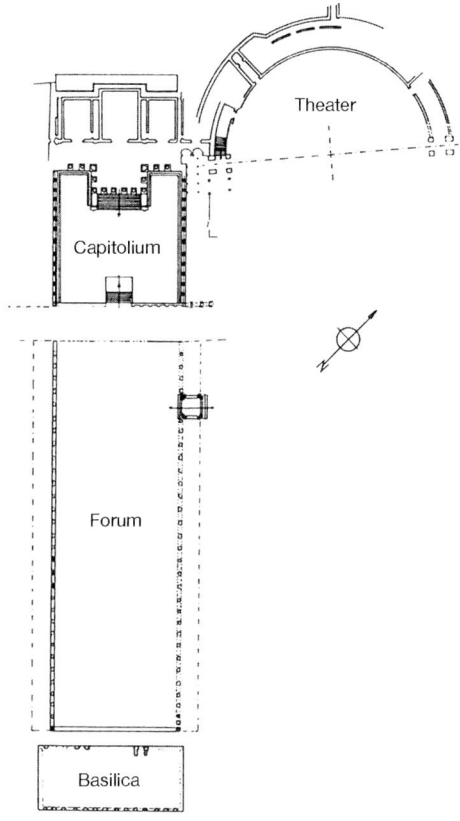

In Cuicul (Abb. 58) ging man bei der Platzwahl für die Ehrenstatuen und Monumente besonders überlegt vor. Auf der westlichen Seite des Platzes standen die Ehrungen für das Kaiserhaus vor der Basilika, wobei übergroße Monumente das Bild bestimmten. Aufgrund der Sockel kann man erschließen, dass es sich bei diesen Monumenten um zumindest zwei kolossale Reiterstatuen und zwei Gruppen von Sitzstatuen handelte. Daneben müssen sich die Standfiguren auf dieser Seite des Forums eher bescheiden ausgenommen haben. In der Mitte des Platzes stand, diesen beherrschend, eine monumentale kaiserliche Quadriga, vor der nicht weniger als acht Standfiguren von Herrschern aufgestellt waren.

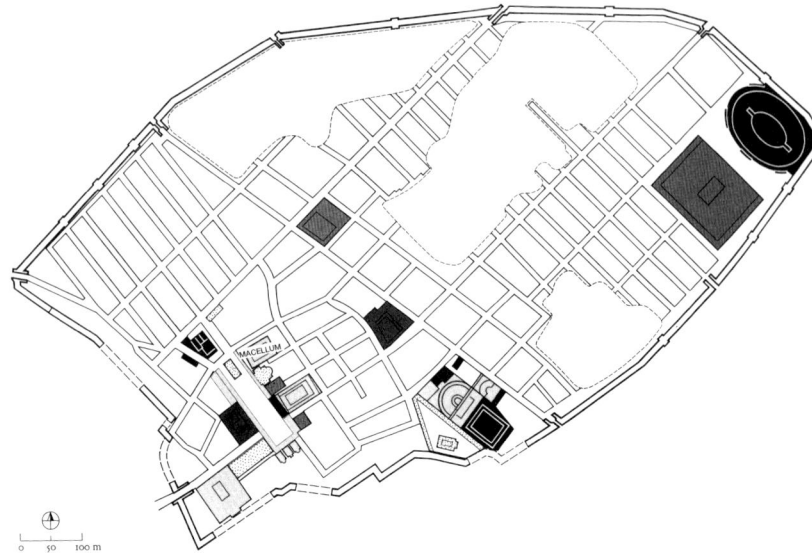

57 – Pompeji, 79 n. Chr. Die nach dem Erdbeben zuerst wiederhergestellten Gebäude (Thermen, Amphitheater und Gladiatorenkaserne) sowie die neuen Zentralthermen sind dunkler wiedergegeben.

Auf der Ostseite hingegen bezogen sich die meisten Statuen auf Gottheiten, die wie Victoria Augusta, Hercules Augustus, Concordia Augustorum, Fortuna Redux oder Jupiter Omnipotens eng mit den Kaisern zusammenhingen. Daneben standen Statuen für lokale – ebenfalls politische – Personifikationen wie Fides publica oder für den Senat und das Volk der Stadt Cuicul.

Im Vergleich dazu waren die Ehrenstatuen für die Bürger, die sich um die Stadt besonders verdient gemacht hatten, nicht sehr zahlreich. Bei den Kaiserstatuen auf der Westseite überwog der militärische Aspekt, und auch bei den Personifikationen auf den anderen drei Seiten des Platzes standen viele Statuen, die man dem Umfeld kaiserlicher Triumphe zuweisen kann. An all dem kann man sehen, wie eingespielt und politisch fixiert solche Ehrungen durch Statuen und Monumente im Laufe der Kaiserzeit wurden. Neben dem ständigen Blick auf das Herrscherhaus spiel-

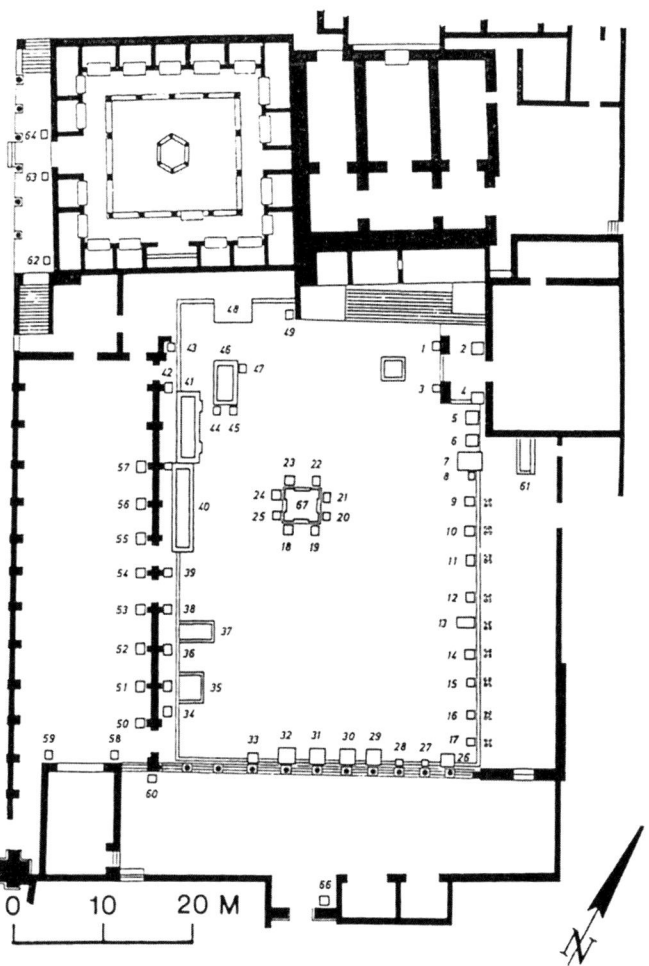

58 – Cuicul/Djemila, Forum mit Ehrenmonumenten

te bei diesen Statuenweihungen das tatsächliche Leben in der Stadt kaum eine Rolle mehr.

Die Bedeutung, die den Basiliken als Zentren städtischen Lebens beigemessen wurde, kommt auch in der Kaiserzeit in ihrer privilegierten Lage am Forum – man könnte auch sagen: ihrer Zugehörigkeit zum Forum – zum Ausdruck. Die wirkungsvollste Po-

1. Das Zentrum der Städte: *capitolium* und *forum* mit Basilika 107

sition war die Schmalseite des Platzes in der Achse zum Kapitol, wie man es vielerorts beobachten kann, zum Beispiel in Brixia/Brescia (Abb. 56), später dann außerhalb Italiens in Augusta Raurica/Augst (Abb. 59) oder noch später und in besonders aufwendiger Form am severischen Forum von Leptis Magna (Abb. 74). Jedoch konnte die Basilika auch andere Positionen einnehmen. Je nach den lokalen Gegebenheiten konnte sie an den Langseiten des Forums wie in Verona oder Minturnae oder sogar neben dem *capitolium* wie in Luna (Abb. 7) liegen. Die Basilika ist der einzige Bau, der seine Lage direkt an den sich immer mehr zu Orten der staatlichen Repräsentation verändernden Fora nie verlor, ja der geradezu zu einem Teil des Forums wurde. Das entspricht ihrer Funktion nicht nur als zentraler Ort für Rechtsverfahren, sondern auch als überdachter und geschützter Ort für den gehobenen Geschäftsverkehr aller Art, für den Unterricht und vieles andere mehr. Als überdachter polyfunktionaler Bau entsprach die Basilika offenbar überall sowohl den praktischen wie auch den politisch-repräsentativen Bedürfnissen der städtischen Gesellschaften. Ihre Bedeutung als zentraler Ort für das ideologische Selbstverständnis der Bürger kann man auch daran erkennen, dass seit der Zeit des Augustus in vielen Basiliken Stätten des Kaiserkultes mit Ehrenstatuen und Altären für die Kaiser und ihre Familien errichtet wurden. Deren zentrale Position – zum Teil in eigenen kapellenartigen Exedren – verstärkte die zeichenhafte Wirkung dieser Orte der Kaiserverehrung als Ausdruck staatlicher Ordnung. Vitruv sah eine solche Stätte für den Kaiserkult bereits in der früheren Augustuszeit in seiner für die Stadt Fanum entworfenen Basilika programmatisch vor (Vitruv, *De architectura* 1, 6–10).

Unter Augustus und seinen Nachfolgern wurden in den Städten Italiens und der westlichen Provinzen viele repräsentative öffentliche Bauten, zunächst vor allem Theater und Amphitheater, errichtet. Dabei spielten die Vorbilder aus Rom und die Ermutigungen durch die Kaiser eine ebenso große Rolle wie der Wille zur Selbstdarstellung unter den führenden Familien der Städte selbst. Bereits im Laufe des 1. Jahrhunderts n. Chr. erlahmt jedoch in Ita-

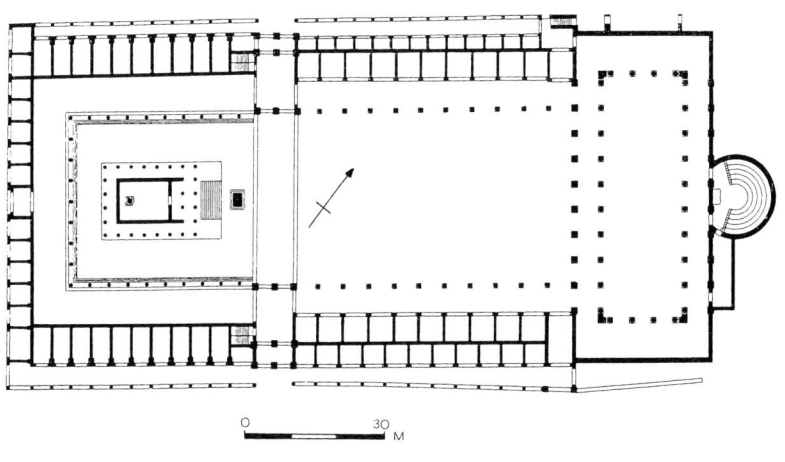

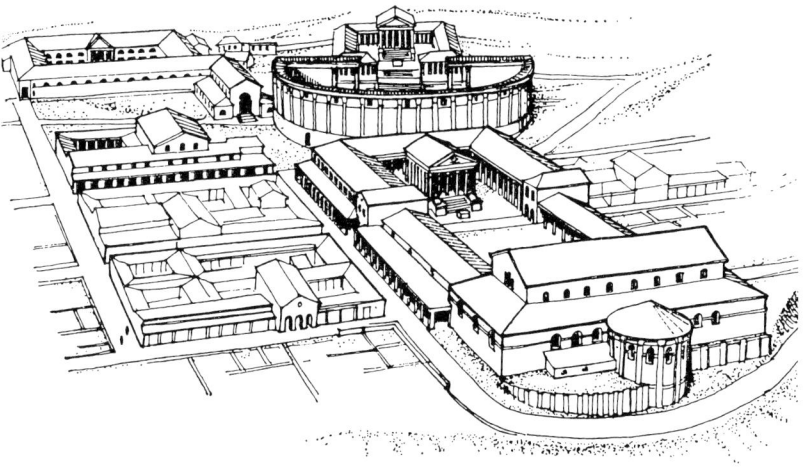

lien diese Art von repräsentativer Bautätigkeit, während sie in den nordafrikanischen und kleinasiatischen Provinzen stetig zunimmt und erst im 2. und frühen 3. Jahrhundert n. Chr. ihren Höhepunkt erreicht. Die Stagnation in den Städten Italiens (mit Ausnahme der Hafenstädte Ostia, Pozzuoli und Aquileia) kann man bereits am Wiederaufbau von Pompeji beob-

59 – Augusta Raurica/Augst, Kapitol, Forum, Basilika (oben), Rekonstruktion des Stadtzentrums (unten)

1. Das Zentrum der Städte: *capitolium* und *forum* mit Basilika

achten, das 64 n. Chr. von einem schweren Erdbeben heimgesucht wurde. Denn dort wurden neben den Häusern vor allem die Thermen repariert, und die Stadt leistete sich selbst in dieser schwierigen Situation noch eine zusätzliche neue Thermenanlage, die größer als die früheren konzipiert wurde. Dagegen bestand offenbar kein elementares Interesse mehr für die zuvor so wichtigen politischen Bauten am Forum, die man nur notdürftig wiederherstellte (Abb. 57). Die gegensätzliche Entwicklung in Italien auf der einen und in Nordafrika und Kleinasien auf der anderen Seite hängt zweifellos mit den unterschiedlichen wirtschaftlichen Möglichkeiten der Städte hier und dort zusammen, aber auch mit dem Interesse bzw. Desinteresse der führenden Familien, sich um ihre Städte als Wohltäter zu kümmern.

Wir wollen im Folgenden zunächst die Ausstattung der römischen Städte anhand der verschiedenen Bautypen skizzieren und erst danach einige Städte mit ihren spezifischen Eigenarten beschreiben.

2. Die Theater als ideologielastige Stätten der Unterhaltung

Die Theater waren beim Ausbau der Städte in der frühen Kaiserzeit zunächst die wichtigsten und ideologieträchtigsten Repräsentationsbauten. Denn in ihnen saßen die Bürger, wie wir schon bei dem von Augustus gebauten Marcellustheater in Rom (Abb. 36) gesehen haben, in einem völlig geschlossenen Raum und in ständisch-sozialer Ordnung vor der *scaenae frons*, in der neben den Statuen der Götter und des Herrscherhauses oft auch solche von führenden Persönlichkeiten der Stadt aufgestellt waren. Wie schon im Pompeiustheater in Rom (Abb. 20) oder später zum Beispiel im Theater von Leptis Magna befanden sich über dem Zuschauerrund Altäre, gelegentlich auch kleine Tempel. Durch die mit diesen verbundenen Zeremonien wurde dem Theaterbesuch eine religiöse Feierlichkeit verliehen, die vor allem der Verehrung des Kaiserhauses diente.

60 – Sabratha, Theater, nach der Rekonstruktion durch italienische Archäologen

Bei der Auswahl des Bauplatzes für ein Theater mussten sich die Verantwortlichen zwischen verschiedenen Möglichkeiten entscheiden. Die ideologisch korrekteste Lösung war in der frühen Kaiserzeit zweifellos eine zentrale Position in der Nähe des Forums, wie wir sie in Minturnae oder Brixia/Brescia (Abb. 56) finden, oder zumindest nicht weit von Forum und Kapitol wie in Ostia. Andere Städte wie die frühaugusteischen *coloniae* Augusta Praetoria/Aosta (Abb. 54) und Augusta Taurinorum/Turin oder auch Luna (Abb. 7) gaben dagegen einer Lage am Stadtrand den Vorzug, vielleicht aus Sorge vor Unruhen, wie wir sie auch bei den Amphitheatern beobachten können. Bei hügeligem Gelände suchte man das ansteigende Terrain als Auflage für die *cavea* mit den Zuschauerreihen zu benutzen, um Baukosten zu sparen. Unter den zahlreichen Beispielen seien hier Cuicul/Djemila (Abb. 53) und die ansonsten so streng rasterförmig erbaute

Stadt Augusta Raurica/Augst (Abb. 59) genannt. In Verona (Abb. 8) baute man das Theater sogar außerhalb der Stadt, weil man das Zuschauerrund dort jenseits der Etsch an eine Anhöhe lehnen konnte.

An den Theaterbauten der Kaiserzeit demonstrierten die Bauherren gelegentlich mehr als an anderen öffentlichen Gebäuden einen erstaunlichen Ausstattungsluxus. Besonders für die vielen Säulen der *scaenae frons* verwendeten die Stifter oft selbst in kleineren Städten kostbare und mehrfarbige Marmorsorten, womit sich zusammen mit den zwischen den Säulen aufgestellten Statuengalerien prachtvolle Effekte erzielen ließen. Durch die wiederaufgerichteten Säulenprospekte der Theater in Leptis Magna, Sabratha (Abb. 60) und Merida oder auch durch das so gut erhaltene Theater römischen Typus in Aspendos kann man noch heute eine Vorstellung von der einstigen Wirkung solcher Säulenfülle gewinnen. Drei prächtige Zugänge erlaubten aufwendige Bühneneffekte, die nicht selten in schrillem Gegensatz zu den oft recht handgreiflichen und obszönen Darbietungen gestanden haben müssen, besonders bei den in der Kaiserzeit so beliebten Pantomimen, die sich allein mit ihren Körperbewegungen so perfekt auszudrücken vermochten.

Der heutige Besucher bekommt jedoch, wenn er etwa in der *cavea* des Theaters von Taormina den Blick ins weite Land und auf das Meer genießt, leicht einen falschen Eindruck von der ursprünglichen Raumsituation. Denn dem antiken Theaterbesucher war wegen der hohen Bühnenwand und den gleich hohen Umfassungsmauern jeder Ausblick verwehrt. Gerade die kompakte Situation der Zuschauer auf dem ranggenau zugeteilten Sitz mit Blick auf die von der *scaenae frons* hinterfangene Bühne lenkte die ganze Aufmerksamkeit auf das Bühnengeschehen, was der ideologischen Einbindung der Zuschauer ebenso zugute kam wie der Konzentration auf die Darbietungen.

3. Amphitheater – die bei Weitem beliebtesten Vergnügungsbauten

Am meisten liebten die Menschen in allen Städten des westlichen Römerreiches die Amphitheater. Denn dort konnten sie die Kämpfe der Gladiatoren, die Tierhatzen, die Kämpfe der Tiere gegeneinander und nicht zuletzt auch die Hinrichtungen der zum Tode Verurteilten durch wilde Tiere sehen. Deshalb findet man diese Bauten in fast jeder größeren Stadt der westlichen Provinzen. Meist waren es reiche Stifter, die die enormen Kosten übernahmen. Im griechischen Osten dagegen scheute man sich, diese offenbar als typisch römisch empfundenen Bauten zu errichten – aber man liebte deshalb die grausamen Spiele nicht minder und veranstaltete sie in den entsprechend hergerichteten Theatern oder Stadien.

Die Amphitheater lagen zum größten Teil außerhalb der Städte, möglichst in einer günstigen Lage zu einer der großen Überlandstraßen, wie es zum Beispiel in Luna (Abb. 7) der Fall ist. Dadurch konnte man verhindern, dass sich der schwer zu kontrollierende Zustrom von Besuchern aus den benachbarten Städten in die Stadt selbst ergoss. In den verhältnismäßig seltenen Fällen, in denen man das Amphitheater innerhalb einer Stadt erbaute, wählte man dafür einen Platz am Stadtrand. Ein frühes Beispiel dafür bietet Pompeji, wo ein reicher Stifter bereits nach 80 v. Chr. ein Amphitheater für die neu in die Stadt gezogenen Kolonisten errichten ließ (Abb. 9). Ein Grund für die Errichtung der Amphitheater außerhalb der Städte war aber auch die Sicherheit. Denn leicht entstanden bei der begeisterten Parteinahme durch die Zuschauer Streitereien wie heute bei Fußballspielen. Ein dramatischer Zwischenfall mit Schlägereien und Toten ereignete sich im Jahre 59 v. Chr. in Pompeji, was Kaiser Nero mit einem harten zehnjährigen Spieleverbot und der Entsendung eines Regierungskommissars in die Stadt ahndete. Auf einem detaillierten, wenn auch dilettantischen Wandbild hat ein Maler versucht, das dramatische Ereignis darzustellen. Auf dem Bildchen

61 – Schlägerei vor dem Amphitheater in Pompeji, 59 n. Chr. Fresko aus einem Haus in Pompeji, Museo Nazionale Archeologico, Neapel

sieht man übrigens auch die Sonnensegel, wie man sie in römischen Amphitheatern und Theatern aufspannte (Abb. 61).

Es wäre interessant, die schrittweise Suche nach den besten Lösungen für die komplizierten Zugangswege zu den Sitzreihen in den jeweiligen Stockwerken und Sitzabschnitten zu verfolgen; wie wir gesehen haben, hat man im römischen Kolosseum zur ausgefeiltesten Lösung dafür gefunden (Abb. 43). Die Solidität der römischen Baukunst lässt sich auch heute noch an zahlreichen Orten nachvollziehen, an denen besonders die Amphitheater trotz jahrhundertelangem Steinraub noch vergleichsweise gut erhalten geblieben sind. In El Djem in Tunesien überragt das Amphitheater

die heutige Wohnstadt wie ein erratischer Block (Abb. 62), und in Verona (Abb. 8) beherbergt es jedes Jahr die bekannten Opernfestspiele.

62 – El Djem, Amphitheater aus dem 2. Jahrhundert n. Chr.

4. Circusbauten – eine Seltenheit

Die Öffnung der Kaiserresidenz auf dem Palatin zum *Circus Maximus* hin, die unter Domitian durch ein großes Halbrund des privaten Palastteils auch augenfällig gemacht worden war, hatte zur Folge, dass in Rom und den späteren Kaiserresidenzen der Circus zu einem Ort der formellen Teilhabe des Herrschers an einem überaus beliebten Volksvergnügen wurde. Vielleicht liegt neben der schnellen Verarmung der italischen Städte auch hierin ein Grund dafür, dass man in Italien nur in wenigen, durch Kaiservillen direkt mit dem Herrscher verbundenen kleinen Orten Circusbauten gefunden hat. Auch in den westlichen Provinzen sind solche Bauten vergleichsweise selten. In Spanien kann man bislang nur sechs, in den Nordprovinzen nur fünf davon nachweisen, während man sie in Afrika häufiger findet. In Kleinasien ging der römische Bautypus dagegen eine Verbindung mit dem griechischen Stadium ein, indem diesem ein zweites Halbrund hinzugefügt wurde. Dabei verzichtete man jedoch häufig auf die in Rom auch als Ort eindrucksvoller Denkmäler so wichtige *spina* in der Mitte der Rennbahn.

Es liegt gewiss auch an der enormen Länge, die ein normgerechter Circus benötigte, dass man ihn innerhalb einer regelmäßig strukturierten Stadt kaum unterbringen konnte. So liegen beispielsweise die relativ gut erhaltenen Circusbauten von Merida und Leptis Magna vergleichsweise weit vor der Stadt. Allerdings waren die meisten dieser Bauten wie die Amphitheater leicht zugänglich ans Straßennetz angeschlossen. Lediglich der an die Kaiserfeste gebundene Circus von Tarraco lag zentral zwischen Provinzialforum und Wohnstadt (Abb. 65, 66), erreichte aber deshalb auch nicht die übliche Länge.

5. Die Thermen – der beliebteste öffentliche Bautyp

Die einzige Art von Großbauten, von der man selbst in den stagnierenden italischen Städten noch im 2. Jahrhundert n. Chr. durchaus stattliche Neubauten findet, sind die Thermen. Wie in Rom und Italien wurden die Thermen im ganzen Reich die beliebtesten, gleichzeitig aber auch die kostspieligsten öffentlichen Großbauten der Kaiserzeit. Vielerorts übertrafen sie wie in Ostia an Raum und Bauvolumen sogar die Fora ihrer Städte bei Weitem. Freilich hatten sich Größe und Luxus der Einrichtungen nach den Möglichkeiten der Städte und ihrer Stifter zu richten.

Im Gegensatz zu anderen öffentlichen Bauten lagen die Thermen in der Regel nicht beim Forum oder beim Theater, sondern wie in Rom in den am dichtesten bewohnten Gegenden der Städte. Dabei mussten für die immer größer ausgelegten Bauten natürlich auch Bauplätze gefunden werden, die dafür geeignet waren. Nicht selten kam es zum Abriss älterer Wohnblocks. So bilden die Thermen im hügeligen Thugga einen großen, abseits des Forums gelegenen Komplex, in Cuicul/Djemila liegen die großen Thermen in der Neustadt bei den späteren Wohngebieten, in Timgad

(Abb. 67) sind sie gleichsam flächendeckend über die ganze Stadt verteilt, und in Trier findet man die beiden durch ihre erstaunlichen Ausmaße auffallenden Anlagen sogar direkt an der Hauptachse der Stadt (Abb. 78).

Wenn man große und kleine Thermenanlagen im selben Maßstab nebeneinander legt, so erkennt man nicht nur die enormen Differenzen in der Größe, sondern auch die Vielfalt der architektonischen Gestaltungsmöglichkeiten. Sie reichen von einfachsten, nur für das Baden selbst bestimmten Räumen bis zu kunstvollen Raumabfolgen und weiten Garten- und Unterhaltungsbereichen. Dass in Pompeji nach dem Erdbeben von 64 n. Chr. der bis dahin größte Thermenbau in Angriff genommen wurde, haben wir schon gehört. Die Forumsthermen von Ostia aus der Mitte des 2. Jahrhunderts n. Chr. bedecken eine fast sechsmal so große Fläche wie dieser letzte Thermenbau von Pompeji – und sind doch ihrerseits fast viermal so klein wie die größten Thermen von Nordafrika in Karthago. Insgesamt verfügten fast alle römischen Städte Nordafrikas über baulich anspruchsvolle Thermenanlagen, allerdings je nach Bedarf mit enormen Unterschieden im Umfang des umbauten Raumes. Man könnte zumindest im 2. und früheren 3. Jahrhundert die wirtschaftliche Kraft der Städte vermutlich recht zuverlässig an den jeweiligen Thermenbauten ablesen. Die einfachsten und kleinsten Thermenbauten findet man erwartungsgemäß in den Nordprovinzen des Imperiums. Aber die Tatsache, dass auch kleine Städte und Weiler an den Grenzen des Reiches nicht auf eine Thermenanlage verzichten wollten, zeigt, wie sehr der Badeluxus zum Inbegriff des Lebensgenusses geworden war.

6. Gräber in der kaiserzeitlichen Stadt

Zu den Grabanlagen in den Städten Italiens und der Provinzen ließe sich viel und auch recht Unterschiedliches sagen. Um wenigstens eine Vorstellung von den tiefgreifenden Veränderungen der Grabrepräsentation und des Grabkultes auch außerhalb von

Rom zu geben, wollen wir einen kurzen Blick auf die unterschiedlichen Nekropolen von Pompeji und Ostia werfen. In Pompeji kann man beobachten, wie bereits in augusteischer Zeit die auf Selbstdarstellung abzielenden zweistöckigen Aediculagräber mit Statuen der Verstorbenen aus der Mode kommen. Stattdessen werden unter anderem Grabmonumente in Form von Altären gebaut. Diese stehen aber jetzt in geschlossenen Grabbezirken, in denen man häufig auch Sockel für Klinen findet, auf denen sich die Angehörigen an den Gedenktagen niederlegten, um mit den als irgendwie anwesend vorgestellten Verstorbenen ein Gelage abzuhalten. Es handelt sich dabei wie in Rom und Ostia um die ersten Zeichen einer Abwendung von der allgemeinen Öffentlichkeit der Straße.

Diese setzt sich dann in Ostia im Laufe des späteren 1. und im 2. Jahrhundert n. Chr. vollständig durch, wie wir es auch in Rom an den Gräbern unter St. Peter beobachten konnten (Abb. 51). Wie in Rom werden zunächst Columbarien errichtet, in denen die mit den Namen der Toten gekennzeichneten Ascheurnen wohlgeordnet aufgestellt werden können. Im 2. Jahrhundert n. Chr. findet man dann auch nach außen völlig abgeschlossene und nur mit dem Namen des Besitzers gekennzeichnete Grabanlagen, die im Inneren oft aufs Reichste ausgestattet sind. Dies gilt jedoch nur für die Grabkammer der Familie des Grabherrn, deren Mitglieder zum Teil in Marmorsarkophagen ruhten. Die Sklaven der Familie wurden zwar in demselben Grab bestattet, aber ohne jede Möglichkeit einer Erinnerung an sie. Denn ihre Leichen wurden anonym beigesetzt, oft unter der Grabkammer der Familie in mehreren Schichten übereinandergestapelt.

IV.
DIE VIELFÄLTIGEN STADTBILDER DER HOHEN KAISERZEIT: SECHS BEISPIELE

Nach diesem knappen und systematisch gegliederten Überblick über die verschiedenen Bereiche städtischen Bauens wollen wir uns nun dem Ausbau und der unterschiedlichen Anlage einiger wichtiger Städte in Form knapper Skizzen zuwenden. Es soll dabei gezeigt werden, wie trotz des bei den Stadtgründungen oft zugrunde gelegten einfachen *colonia*-Schemas und trotz der meist weitgehend normierten Gestalt einzelner Bautypen beim Ausbau der Städte sehr unterschiedliche Stadtbilder entstanden sind. Auch soll deutlich werden, wie ganz verschiedenartige Faktoren für das Wachsen der Städte bestimmend werden konnten, und dies oft unabhängig von ihrer ursprünglichen Planung und Grundstruktur. So gleichartig die republikanischen *coloniae* in der Poebene und in den westlichen Provinzen zunächst auch angelegt waren, so unterschiedlich konnten sie sich bei ihrem späteren Ausbau entwickeln. Vor allem aufgrund des schnellen Wachstums der ökonomisch prosperierenden Städte in Nordafrika im 2. und 3. Jahrhundert n. Chr. erwies es sich oft als schwierig oder gar unmöglich, die neuen und erheblich größer als zuvor angelegten öffentlichen Bauten, aber auch die aufwendigeren Häuser der Reichen und die *insulae* mit den Mietwohnungen in das ursprüngliche *colonia*-Schema einzufügen. Das zeigt sich besonders klar an den Thermenbauten, die man nicht wie die Amphitheater vor die Wohnstadt legen konnte.

Bei der nun folgenden Charakterisierung einzelner Städte geht es vor allem um Probleme beim Ausbau von Städten, deren Grundstruktur mit der Zeit zu klein geworden war. Dafür wurden

Städte ausgewählt, deren Ausbau zum Teil der allgemeinen Prosperität und dem Wachstum der Bevölkerung, zum Teil aber auch spezifischen historischen Umständen zu verdanken war. Bei der detaillierten Betrachtung der einzelnen Städte zeigt sich immer wieder, dass sich die (tatsächliche oder aber auch mangels genauer Kenntnisse nur scheinbare) Gleichförmigkeit der früheren *coloniae* in den schnell wachsenden Römerstädten des 2. und 3. Jahrhunderts n. Chr. weitgehend verliert. Vor allem in Nordafrika entstanden damals sehr unterschiedliche Stadtbilder.

Fast überall ermöglichte der allgemeine Wohlstand aufwendige Bauprogramme, die dem Ausbau, aber auch der Verschönerung der öffentlichen und privaten Bauten gleichermaßen zugute kamen. Die hier ausgewählten Städte sollen ein möglichst vielfältiges Bild dieses Prozesses vermitteln. Bei nicht wenigen Städten machten schwierige Geländebedingungen es erforderlich, dass nicht nur einzelne Gebäudekomplexe wie die Theater, sondern dass das ganze Straßennetz den spezifischen Gegebenheiten angepasst wurde. Ein schönes Beispiel dafür haben wir in Cuicul/Djemila (Abb. 53) bereits kennengelernt, ein weiteres soll mit der Stadt THUGGA vorgestellt werden. OSTIA wurde im 2. Jahrhundert n. Chr. zum Umschlagplatz für den Weitertransport der im großen trajanischen Hafen angelieferten Waren nach Rom. Das veränderte das Stadtbild nicht nur durch spezifische Bautypen, sondern auch durch einen neuen, vom nahen Rom unmittelbar beeinflussten Wohnungsbau. So entstand trotz der ursprünglichen *colonia*-Struktur ein Stadtbild ganz eigener Art. Anderswo konnten unvorhersehbare Umstände zu tiefgreifenden Veränderungen eines Stadtbildes führen. Ein Beispiel dafür bietet TARRACO in Spanien: Durch die Bauten für den zentralen Kaiserkult der *Provincia Tarraconensis* bekam die bereits seit langem bestehende Stadt ein völlig neues, eigenes Gesicht.

Wichtige Veränderungen und Abweichungen von der ursprünglichen Stadtplanung wurden wie gesagt nicht selten auch durch ein unerwartet schnelles Wachstum verursacht. Das Beispiel von THAMUGADI/TIMGAD zeigt, welche Folgen das für das Stadtbild hatte, das hier regelrecht aus den Fugen geriet. Auch ein glücklicher Zufall konnte, ganz unabhängig von den tatsächlichen Bedürfnissen, zu einem unerwarteten Stadtausbau führen, wie das in LEPTIS MAGNA der Fall war. Schließlich konnten aber auch politische Ereignisse, die bei der Stadtgründung nicht vorhersehbar waren, zu einem Ausbau eigener Art führen, wie man das in TRIER beobachten kann.

Diese sechs Beispiele müssen im Rahmen unseres Überblicks genügen. Sie können nicht mehr als eine Vorstellung von der individuellen Gestaltwerdung vieler römischer Städte in der Kaiserzeit geben. Grundsätzlich muss man sich bei der Betrachtung jeder einzelnen Stadt zwei Grundgegebenheiten des römischen Städtebaus vergegenwärtigen: auf der einen Seite die von Rom ausgehenden Normen, die den Stadtplan ebenso wie die Grundtypen der zentralen öffentlichen Bauten in den meisten Fällen zumindest in allgemeinen Zügen vorgaben, auf der anderen Seite aber die konkrete Situation der einzelnen Städte aufgrund ihrer Lage und die oft sehr verschiedenartigen Bedürfnisse, die aus den in den Städten entwickelten Aktivitäten resultierten. Wie die folgenden Beispiele zeigen sollen, konnten sich daraus ganz unterschiedliche Planungen und Gestaltungen ergeben. Es ist diese Spannung zwischen den vorgegebenen Modellen auf der einen und den spezifischen Umständen und Bedürfnissen auf der anderen Seite, die die Beschäftigung mit römischen Städten so interessant machen kann. Der teils langsame, teils aber auch dramatische Verfall und Untergang der römischen Städte im Westen des Reiches ist hingegen eine eigene, überaus spannende, aber auch tragische Geschichte, deren Erzählung einen eigenen Band erfordern würde. Der interessierte Leser wird jedoch im Literaturverzeichnis am Ende dieses Buches Hinweise zum Eindringen in diese «dunklen» letzten Jahrhunderte der Römerstädte finden.

1. Ostia

Ostia spielte wie schon angedeutet aufgrund seiner Lage eine besondere Rolle als Lager- und Umladeplatz der für Rom bestimmten Schiffsladungen. Die Stadt war zunächst als kleine *colonia Romana* schon im 4. Jahrhundert v. Chr. nahe der Tibermündung gegründet worden und hatte sich seit der späten Republik zu einer auf Rom ausgerichteten Kleinstadt ohne große Besonderheiten entwickelt. In augusteischer Zeit wurde wie in fast allen Städten Italiens das Forum ausgebaut und ein Theater mit einer großen Portikus hinter dem Bühnengebäude errichtet. Der zunächst noch langsame Aufschwung der Stadt begann nach dem Bau des ersten großen Hafens durch Claudius, auch wenn dieser wegen der schnellen Versandung noch unzureichend war. Nach dem Bau eines noch größeren gegen die Brandung geschützten Hafens durch Trajan wurde jedoch Ostia selbst zu einem wichtigen Stapel- und Umschlagplatz für die von Überseeschiffen angelieferten Waren (vor allem Getreide, Öl und Wein). Diese mussten zunächst gespeichert und dann für den Weitertransport nach Rom auf kleinere Schiffe umgeladen werden.

Bereits im späten 1. Jahrhundert n. Chr. hatte man begonnen, das Terrain eines großen Teils der Stadt um ca. einen Meter zu erhöhen, ohne jedoch das alte Straßensystem zu ändern. Auf dem neuen Niveau wurde dann in der ersten Hälfte des 2. Jahrhunderts n. Chr. eine weitgehend neue Stadt errichtet (Abb. 63 a–c). Bei dieser enormen Umgestaltung gab man zwar auch dem Forum, unter anderem durch einen neuen Kapitolstempel, eine ansehnlichere Gestalt. Vor allem aber ging es um den Bau neuer Lagerhäuser und um Wohnungsbauten für die vielen Einwohner, die jetzt in der einen oder anderen Weise mit dem Warenverkehr beschäftigt waren.

Welch zentrale Rolle der Warenumschlag und alle direkt oder indirekt damit zusammenhängenden Aktivitäten für die Stadt spielten, sieht man sowohl an der Größe der Lagergebäude (*horrea*) als auch an den zum Teil aufwendig gebauten Vereinslokalen

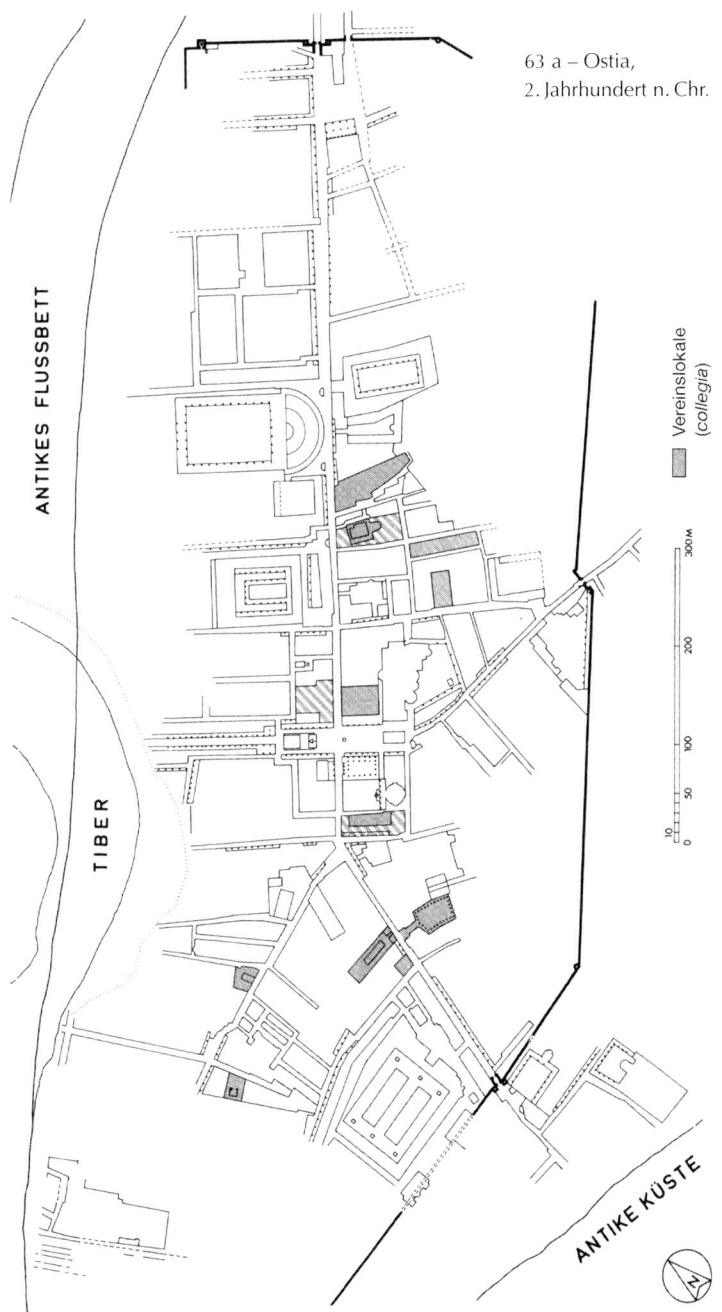

63 a – Ostia, 2. Jahrhundert n. Chr.

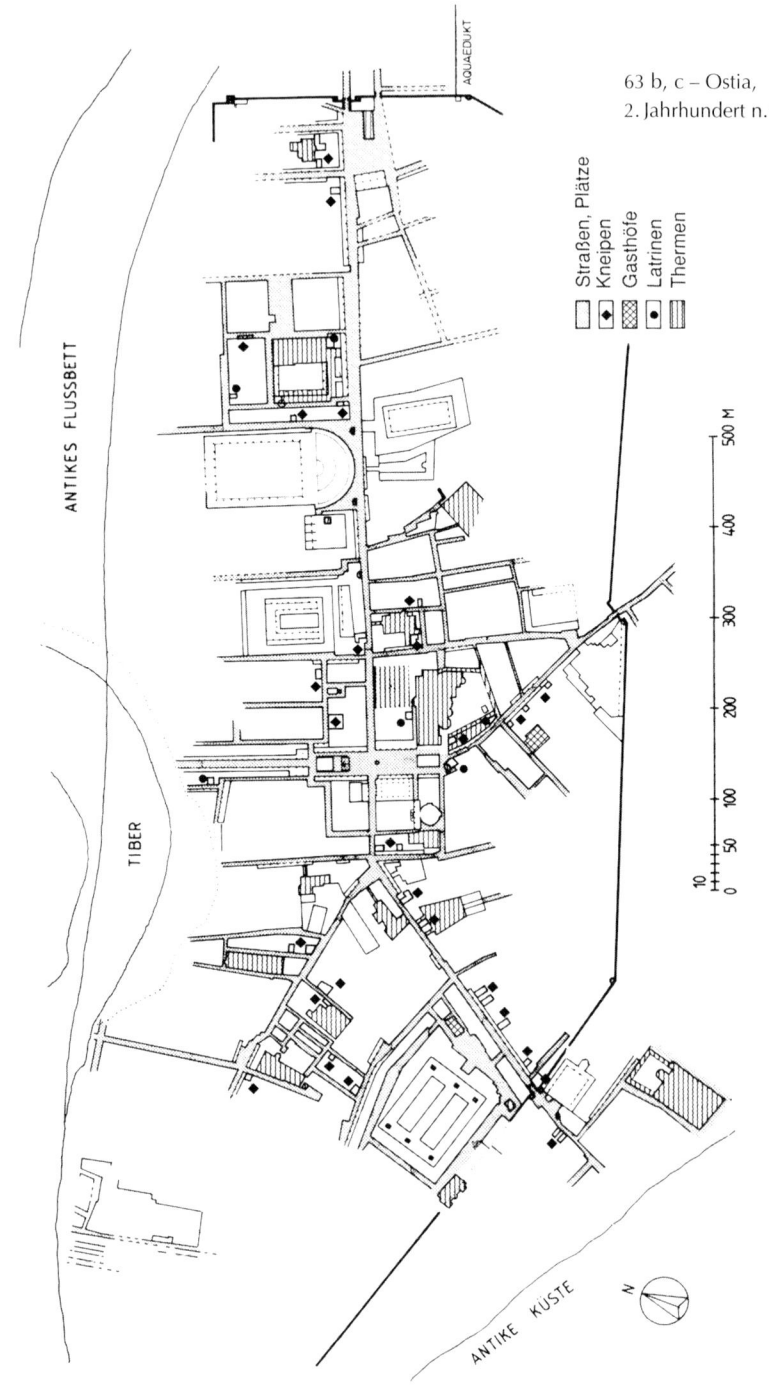

63 b, c – Ostia, 2. Jahrhundert n. C.

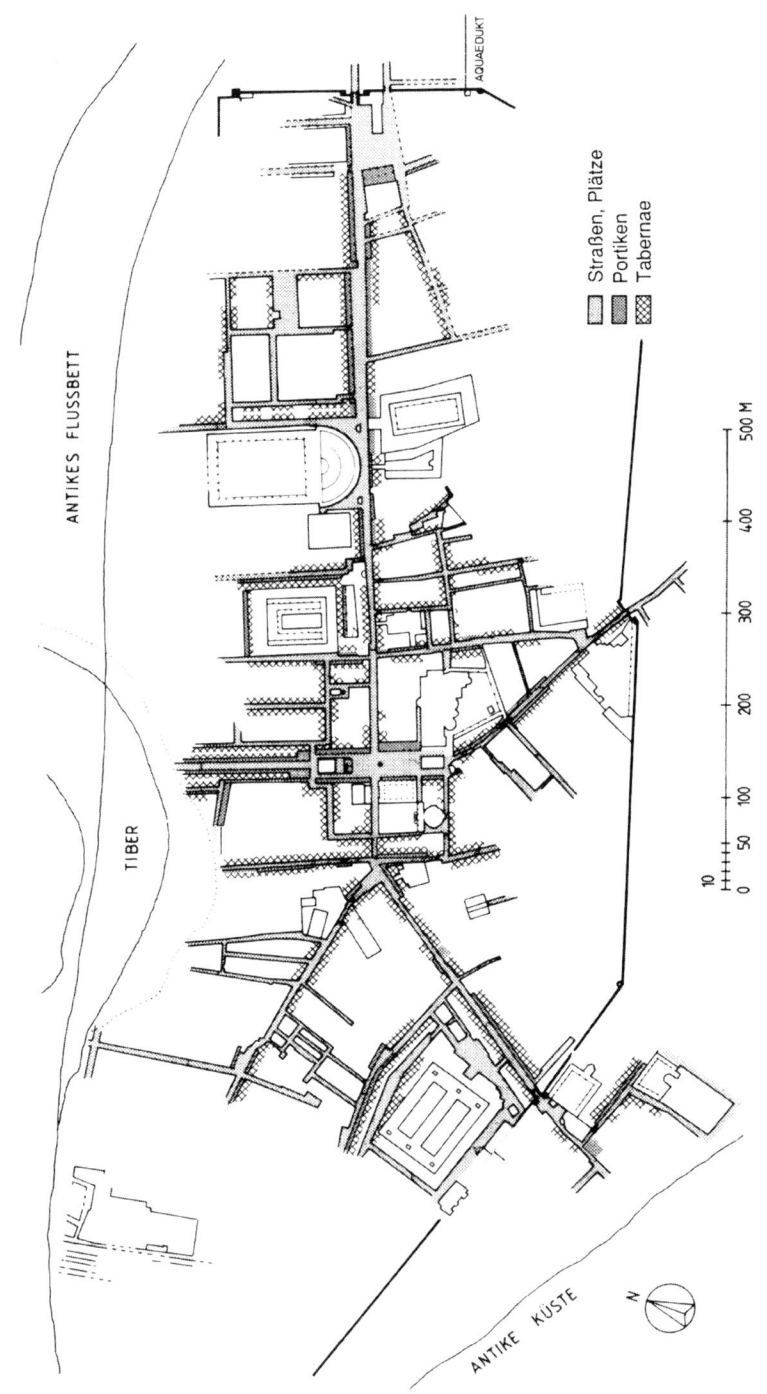

64 – Ostia, mehrstöckiges Haus des 2. Jahrhunderts n. Chr. (Rekonstruktion I. Gismondi, 1930er Jahre)

(*collegia*). Die großen Lagerhäuser wurden möglichst nahe am Tiber errichtet, für die *collegia* suchte man entsprechend ihrer gesellschaftlichen Bedeutung möglichst repräsentative Lagen im Zentrum (Abb. 63 a). So liegt zum Beispiel das Vereinshaus der einflussreichen Bauunternehmer (*fabri tignuarii*) direkt neben dem Forum und der aufwendige Sitz der Schiffsbesitzer (*fabri navales*) nicht weit davon entfernt. Die meisten dieser Vereinshäuser verfügten außer den Räumen für die Versammlungen und Feste der Mitglieder über ein kleines Heiligtum, in dem das Kaiserhaus zusammen mit den Gottheiten des jeweiligen *collegium* verehrt wurde. Neben den Berufsvereinen gab es auch Vereine ganz anderer Art, etwa solche für junge Leute aus besseren Familien oder die Vereine der Ärmeren, die sich vor allem um Grab und Begräbnis ihrer Mitglieder kümmerten.

Die Veränderung in der Struktur der Bevölkerung von Ostia im 2. Jahrhundert n. Chr. zeigt sich an den unterschiedlich komfortablen Wohnungen. Anders als in Pompeji sind die Atriumhäuser hier fast ganz verschwunden. Stattdessen findet man Häuserblocks mit nicht selten bis zu fünf Stockwerken, die in eine Vielzahl von Mietwohnungen unterschiedlicher Größe aufgeteilt waren (Abb. 64). Die Besitzer dieser Wohnungen lebten entweder gar nicht in Ostia oder, wie man aufgrund neuer Forschungen vermuten kann, in großen, villenähnlichen Bauten am Stadtrand. Die Wohnblocks geben uns gleichzeitig auch eine Vorstellung von den Häusern in den neuen, unter Nero und Hadrian errichteten Wohnquartieren in Rom. Nicht nur die Größen, auch der Wohnkomfort solcher Mietwohnungen in Ostia konnte sehr unterschiedlich sein. Das sieht man vor allem an der großen, einheitlich gebauten «Wohnungssiedlung» im Südwesten der Stadt. Zu dieser gehörten nicht nur die acht aufwendigen, von einem Gartenbereich mit Brunnen umgebenen Wohnungen in der Mitte der Anlage, die zum Straßennetz hin abgeschirmt war, sondern auch große Wohneinheiten wie die sogenannte *Casa delle Muse* und andere stattliche Wohnungen. Wahrscheinlich handelt es sich indes auch bei dieser Anlage um ein Areal von Mietwohnungen ganz unterschiedlicher Größe und Qualität. Jedenfalls zeigen diese Wohnungen, dass im 2. Jahrhundert n. Chr. eine breit gefächerte Bevölkerung mit unterschiedlichen Einkommensverhältnissen in sozial stratifizierten Wohnungen durchweg solider Bauweise untergebracht war, ganz anders als in den übervölkerten Stadtvierteln Roms zur Zeit der späten Republik und zum Teil wohl auch noch in der Kaiserzeit.

In diesen so verschiedenen Wohnungen werden auch die meisten Mitglieder der sozial ja ebenfalls unterschiedlichen, größeren und kleineren *collegia* gewohnt haben. Das lässt uns vermuten, dass die Mitgliedschaft in diesen Vereinen auch eine wichtige soziale Funktion hatte, schuf sie doch Verbindungen sicher nicht nur geschäftlicher Art in einer Gesellschaft, in der die über lange Zeit gewachsenen Zugehörigkeiten zur Familie eines *patronus* keine große Rolle mehr gespielt haben können.

Dass es den Einwohnern Ostias, zumindest denen, die in den unterschiedlichen Mietwohnungen wohnten, auch sonst nicht schlecht ging, sieht man zum einen an den vielen Tavernen an den Gebäuden der frequentiertesten Straßen, vor allem aber an den zahlreichen Thermen (Abb. 63 b). Dass diese zum Teil vom Kaiserhaus gestiftet waren, zeigt, wie wichtig die Stadt als Zulieferer für Rom geworden war.

2. Tarraco/Tarragona

Schon 218 v. Chr. setzten sich die Römer in Tarraco an der nordspanischen Mittelmeerküste südlich von Barcelona fest und bauten es mit einer «cyclopischen» Mauer aus großen Steinblöcken als Militärstützpunkt aus. Forum und Basilika errichteten sie nicht weit vom Hafen, das Theater aus augusteischer Zeit lag nahe dem Forum, vielleicht außerhalb der alten Mauer. In der Nähe des Hafens wurden auch Reste von Speicherbauten (*horrea*) gefunden. Das Amphitheater baute man außerhalb der Mauern, ebenfalls nicht weit vom Ufer des Meeres (Abb. 65). Dank ihrer günstigen Lage wurde die Stadt von Augustus, der sich während der can-

65 – Tarraco/Tarragona, Rekonstruktion der Stadt in der Kaiserzeit

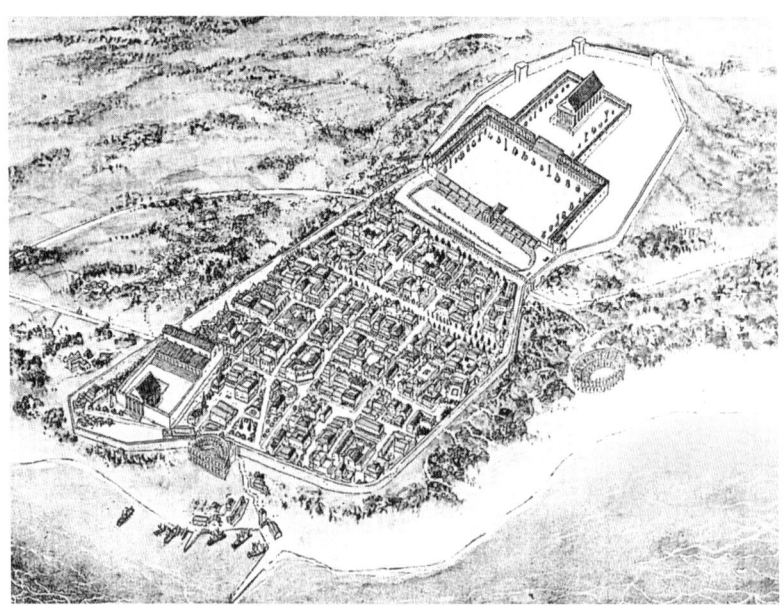

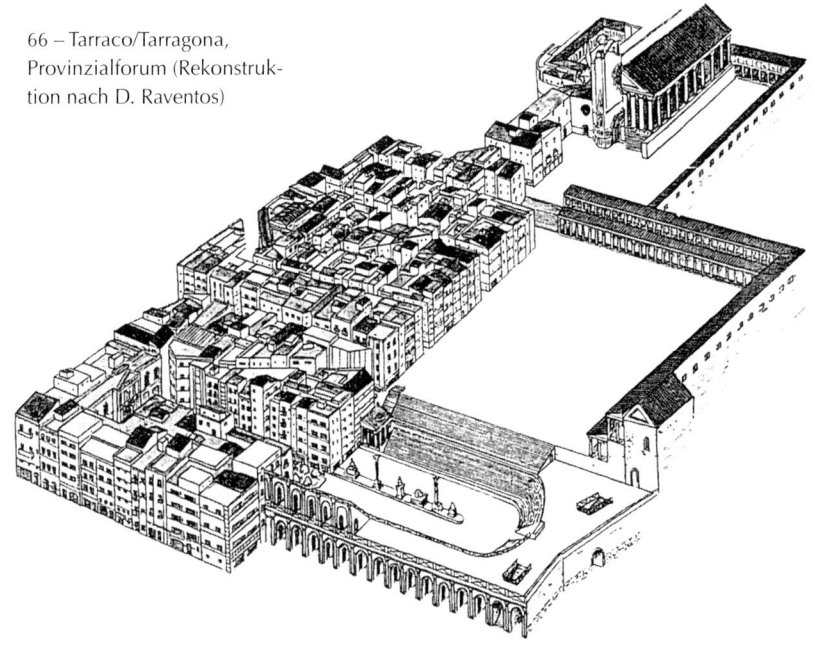

66 – Tarraco/Tarragona, Provinzialforum (Rekonstruktion nach D. Raventos)

tabrisch-asturischen Kriege 26–25 v. Chr. hier erholt hatte, zur Hauptstadt der *Provincia Tarraconensis* erhoben.

Was Tarraco vor allen anderen bislang in Spanien ausgegrabenen Städten auszeichnet, sind die infolge des neuen Status errichteten monumentalen Repräsentationsbauten, die ein enorm großes Terrain oberhalb der ursprünglichen Wohnstadt einnahmen. Lage und Struktur dieser Bauten konnten von spanischen Archäologen in den letzten Jahren unter der neuzeitlichen Bebauung in schwieriger und langwieriger Arbeit mit ziemlicher Genauigkeit festgestellt werden (Abb. 66). Auf dem offenbar bis dahin unbebauten, abschüssigen Gelände über der Stadt wurde ganz oben der Tempelplatz mit dem Heiligtum für die capitolinische Trias und/oder für das Kaiserhaus errichtet. Einschlägigen Funden zufolge muss der Tempel unter der heutigen Kathedrale gelegen haben. Vor dem Tempelplatz öffnete sich dann das Provinzialforum, ein riesiger, von Portiken gesäumter Repräsentationsplatz, der mit den ungewöhnlich großen Maßen von 175 × 318 Metern das alte Forum bei Weitem übertraf (Abb. 66). Hier standen, wie man aufgrund zahlreicher Inschriften weiß, die Ehrenstatuen nicht nur für das Kaiserhaus, sondern auch für die Mitglieder der Provinzialelite, vor allem die Provinzialpriester.

Den dritten Bestandteil des Komplexes bildete schließlich ein in seiner Länge verkürzter Circus von ca. 325 Metern Länge. Sein Bau erforderte wegen des abschüssigen Geländes besonders aufwendige Substruktionen. Eine Verbindung zum darüber liegenden Provinzialforum wurde mittels turmartiger Aufgänge hergestellt. Diese ungewöhnliche direkte Anbindung des Circus muss mit Festspielen im Zusammenhang mit dem Provinzialkult zu tun gehabt haben, denn in den relativ wenigen anderen römischen Städten, die sich den kostspieligen Bau eines Circus leisteten, lag dieser wie etwa in Leptis Magna oder auch in Merida weit außerhalb der Städte. Bis heute ist allerdings unklar, wie die Stadt unter den aufwendigen Repräsentationsbauten von Tarraco mit diesen verbunden war.

3. Thamugadi/Timgad

Thamugadi im heutigen Algerien wurde erst 100 n. Chr. unter Trajan als eine der letzten Veteranenkolonien gegründet. Es bietet ein eindrucksvolles Beispiel für das Auswuchern einer bei der Gründung zu knapp bemessenen Planung und zeigt dadurch besonders deutlich die Bedürfnisse einer rasch wachsenden und zu Wohlstand gekommenen Stadt der hohen Kaiserzeit im römischen Nordafrika. Vom Architekten wurde Thamugadi bei der Gründung als streng quadratische Rasterstadt von nur 355 Metern Seitenlänge für eine beschränkte Zahl von Siedlern entworfen. Zunächst waren lediglich für Forum und Theater größere freie Flächen ausgespart. Der *decumanus maximus* lief auf der Straße, die vom nur 27 Kilometer entfernten Lambaesis im Westen her kam, an der Langseite des Forums vorbei. Der *cardo* stieß von Norden auf das Forum zu, das man jedoch wegen des ansteigenden

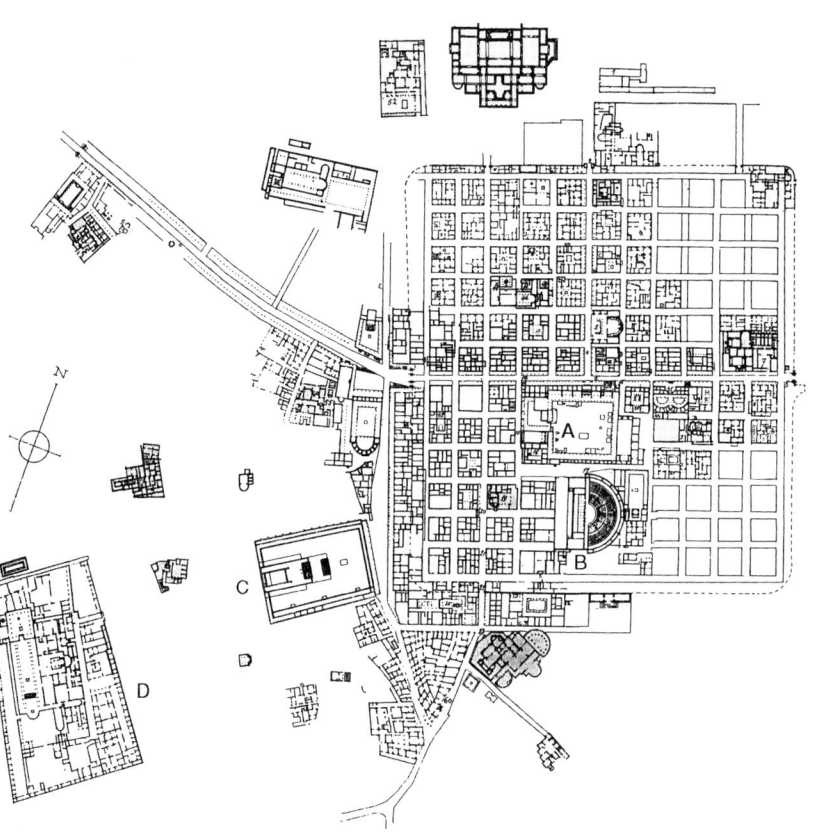

Terrains nur über Stufen erreichen konnte (Abb. 67). Im Gegensatz zu den republikanischen Fora haben wir es, wie im Laufe der Kaiserzeit üblich, mit einem ausgesprochenen Denkmalplatz zu tun, auf dem eine Fülle von Ehrenstatuen und Denkmälern aufgestellt war. Wie in Cuicul/Djemila handelte es sich dabei vor allem um Monumente für das Kaiserhaus und dessen Schutzgötter (Abb. 68). Auf den Platz selbst öffneten sich auf der östlichen Seite eine kleine *basilica*, auf der westlichen Seite die *Curia*. Daneben stand ein kleiner Tempel, in dessen Vorhalle noch zwei Basen für Statuen der Victo-

67 – Thamugadi/Timgad
A Forum, B Theater, C Kapitol, D Sitz der Donatisten mit Basilika

68 – Thamugadi/Timgad, Kaisermonumente auf dem Forum

ria Parthica stehen, die aus Anlass der Siege Trajans über die Parther 117 n. Chr. gestiftet worden waren.

Da die kleinen am Reißbrett entworfenen *insulae* nur für ein, allenfalls zwei Häuser ausreichten, begann die Stadt schon im 2. Jahrhundert n. Chr., weit über das ursprüngliche Planquadrat hinaus zu wuchern, ohne dass dies durch eine Planerweiterung in irgendeiner Weise geregelt worden zu sein scheint. An den Eingängen dieser schnell gewachsenen Stadt standen über der Hauptstraße im Westen und im Osten je ein Ehrenbogen aus der Zeit des Kaisers Marc Aurel. Der gut erhaltene bzw. wiederhergestellte Bogen am westlichen Eingang zur Altstadt wurde dagegen für Caracalla errichtet (Abb. 69).

Leider wurden außerhalb der ursprünglichen Veteranenkolonie nur die größeren Gebäude ausgegraben und in dem hier abgebildeten Plan erfasst. Man muss sich die vor allem im Westen mehr und mehr auswuchernden Häuserkonglomerate in einem unregelmäßigen Geviert von Straßen und Gassen vorstellen, zwischen denen die ausgegrabenen und kartierten Tempel, Thermen, Märkte und später Kirchen lagen. Das erst etwa 50 Jahre nach Gründung der Stadt gebaute repräsentative *capitolium* mit seinem Tempelplatz wurde, wie es scheint, bewusst schräg zum Forum hin ausgerichtet. Tempel und Vorplatz sind im Verhältnis zum alten Forum sehr groß ausgelegt. Wie die erhaltenen Kapitelle zeigen, leistete sich die Stadt für ihr mit Verspätung gebautes

Kapitol einen teuren, hochrepräsentativen Bau.

69 – Thamugadi/Timgad, Ehrenbogen für Kaiser Caracalla

Thamugadi war vermutlich aufgrund des fruchtbaren Umlandes schnell wohlhabend geworden und konnte sich nicht nur Marktgebäude, Brunnen, eine Bibliothek und Ähnliches, sondern auch eine erstaunlich große Zahl von Bädern leisten. Unter den nicht weniger als 13 Thermen befinden sich nur einige in der engen Altstadt, die Mehrzahl und die größten von ihnen liegen wieder in den Außenbezirken, bei den nicht ausgegrabenen Wohngebieten. Darunter finden sich auch architektonisch sehr anspruchsvolle Anlagen wie das große Südbad und das mit 4500 Quadratmetern für eine Stadt wie Timgad sehr üppig bemessene Bad im Norden.

Interessant ist ein Blick auf die ebenfalls im Westteil der Stadt liegenden Kirchen. Es sind bislang mehrere kleinere und eine größere Anlage im Nordwesten ans Licht gekommen, vor allem aber der große, in sich geschlossene Komplex im Südwesten. Dieser war Sitz der Donatisten, die einer Glaubensrichtung anhingen, welche vor allem im 4. Jahrhundert n. Chr. bei Teilen der nordafrikanischen Landbevölkerung verbreitet war und zum Fanatismus neigte. Sie wurde von den «Katholiken» mit Hilfe der Kaiser heftig bekämpft und schließlich 405 verboten und geächtet. Der Donatismus lebte jedoch in kleinen Gruppen noch lange fort. Man kann in den gut erhaltenen Grundrissen des Areals unter anderem eine große Basilika, eine kleinere Kirche und ein Wohnhaus erkennen. Hier muss der berühmte Bischof Optatus gewohnt haben, mit dem sich Augustinus so eindringlich auseinandergesetzt hat.

4. Thugga/Dougga

Diese Stadt, die heute in Tunesien liegt, bietet ein Beispiel für die Schwierigkeiten bei der Realisierung einer römischen Stadt in ungünstigem, bergigem Gelände und an einem Platz, der zudem seit langem von einer punischen Bevölkerung besiedelt war. Die ersten römischen Siedler zogen erst unter Caesar 46 v. Chr. in Thugga ein, das von Karthago aus bereits im 4. Jahrhundert v. Chr. gegründet worden war. Im 3. und 2. Jahrhundert v. Chr. war der Ort dann unter die Herrschaft der numidischen Könige gekommen. Aus dieser Zeit stammt das 21 Meter hohe monumentale Pfeilergrabmal für einen numidischen Prinzen im Süden der Stadt mit punischer und numidischer Inschrift (Abb. 70). Ansonsten sind die Überreste aus diesen frühen Jahrhunderten – Reste einer Stadtmauer im Norden und in späteren Überbauungen – bisher so spärlich, dass sich einstweilen keine klare Vorstellung von der vorrömischen Siedlung gewinnen lässt.

In den ersten Generationen nach Ankunft der Römer haben die alteingesessenen Bewohner und die Neuankömmlinge mit Verwaltungen unterschiedlichen Rechts nebeneinander gelebt: die Einheimischen in einer *civitas* ohne römisches Bürgerrecht, die Römer in einem von Karthago abhängigen *pagus*. Jedoch ist unklar, wie das Nebeneinander der beiden Gruppen konkret aussah. Erst im Laufe des 2. und 3. Jahrhunderts n. Chr. entstanden die

70 – Thugga/Dougga, Grabmonument für einen numidischen Fürsten

großen öffentlichen römischen Bauten und die reichen Privathäuser. Dem entspricht, dass der Stadt erst 205 n. Chr. der Status eines *municipium* und noch einmal zwei Generationen später der Rang einer *colonia* verliehen wurde.

Das bergige Terrain auf einer Anhöhe und vermutlich auch die alten Siedlungen erlaubten in diesem Fall keine römische Stadtplanung mit rechtwinkligem Straßensystem (Abb. 71). Vielmehr musste überall auf die Geländeformation und die lokalen Gegebenheiten mehr als anderswo Rücksicht genommen werden. So wurden das Forum und das Kapitol (Abb. 72) auf einer sehr knappen Fläche auf einer Anhöhe im Zentrum als abgetrennte Einheiten nebeneinander gelegt und durch Stufen miteinander verbunden (Abb. 73). Rechts davon baute man einen Tempel für eine als Merkur romanisierte einheimische Gottheit, einen weiteren kleinen Platz mit bogenförmigem Abschluss und den Markt. Man sieht, wie sehr sich die zu Wohlstand gekommenen führenden

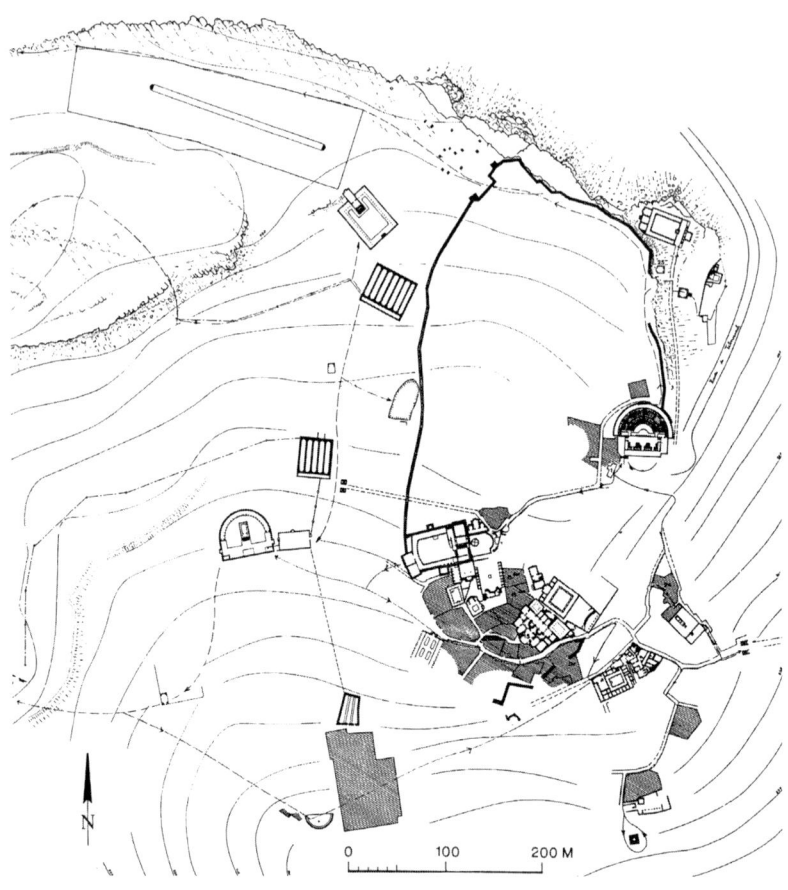

71 – Thugga/Dougga. Der Stadtplan zeigt, wie schwierig es war, die Struktur einer römischen Stadt einer vorrömischen Siedlung, die zudem in bergigem Gelände lag, einzupflanzen.

Familien bemühten, ihre Stadt trotz der ungünstigen Voraussetzungen mit den römischen Standardgebäuden auszustatten. Das Theater und drei größere Thermenanlagen arrangierte man im abfallenden Gelände unterhalb des zentralen Hügels.

Die Stadt verfügt im Vergleich zu anderen Römerstädten Nordafrikas über eine Vielzahl größerer und kleinerer Tempel, die zum Teil von Forum und Kapitol weit entfernt liegen, was sicher damit zusammenhängt, dass sie ursprünglich

72 – Thugga/Dougga, rekonstruierter Tempel des Kapitols

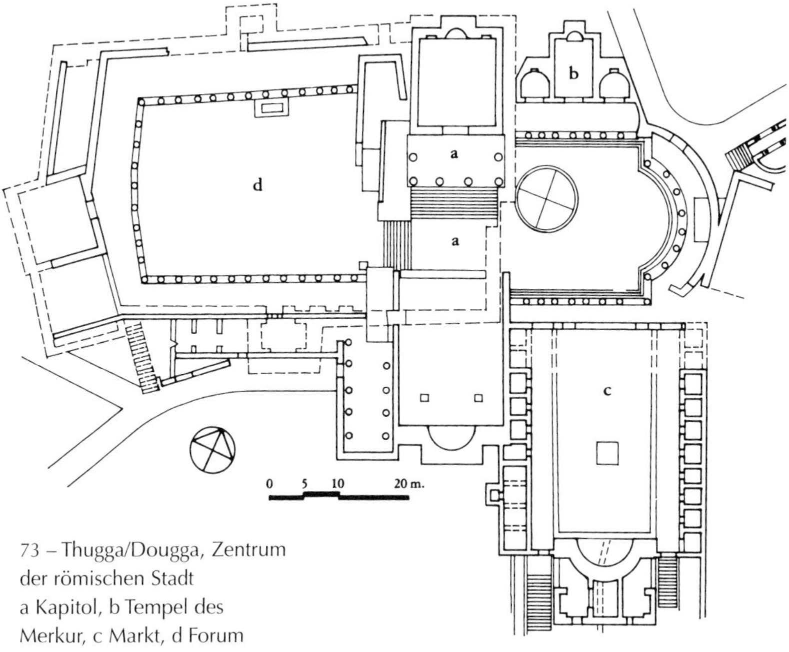

73 – Thugga/Dougga, Zentrum der römischen Stadt
a Kapitol, b Tempel des Merkur, c Markt, d Forum

von der vorrömischen Bevölkerung stammten. Besonders fallen die beiden großen Heiligtümer auf, die in den Inschriften bereits romanisierte Namen tragen, Saturn (zuvor Baal) und Caelestis (ehemals Tanit). Auch der Architektur ist der vorrömische Ursprung der Heiligtümer nicht mehr anzusehen, denn sie bekamen nicht nur neue Namen, sondern auch aufwendige griechisch-römische Tempelbauten.

Die Haupteingänge zur Stadt wurden mit Ehrenbögen für Septimius Severus (193–211 n. Chr.) und Alexander Severus (222–235 n. Chr.) geschmückt. Das bergige Gelände und vermutlich auch die vorrömische Bebauung sind für die kurvigen und unregelmäßigen Straßen verantwortlich. Entsprechend liegen die zum Teil durchaus luxuriösen Häuser (in denen eine ganze Reihe prächtiger Mosaiken gefunden worden ist) in weitem Bogen um das höher gelegene Zentrum verstreut. Drei große Zisternen und ein Aquädukt versahen die Bergstadt einschließlich ihrer Thermen mit Wasser.

5. Leptis Magna

Leptis Magna im heutigen Libyen (Abb. 74) verdankt seine einzigartigen Repräsentationsbauten dem historischen Glücksfall, dass die Familie des Kaisers Septimius Severus aus der Stadt stammte. Die Phöniker gründeten schon früh an der Mündung des Wadi Lebdah einen Handelsplatz, weil sich hier die Möglichkeit bot, die von Karawanen aus dem Inneren Afrikas herbeigebrachten Waren zu verschiffen. Lange von Karthago geschützt, kam die Stadt nach dessen Fall unter die Abhängigkeit von den numidischen Königen und wurde dann unter den Römern zu einer Stadt, die im Laufe der Kaiserzeit enorm wuchs und schließlich von Septimius Severus in außergewöhnlicher Weise ausgestattet wurde.

Die führenden Familien, die ihre phönikischen Namen auch als römische Bürger noch lange beibehielten, begannen bereits unter Augustus, eine ganze Reihe repräsentativer Bauten zu errichten,

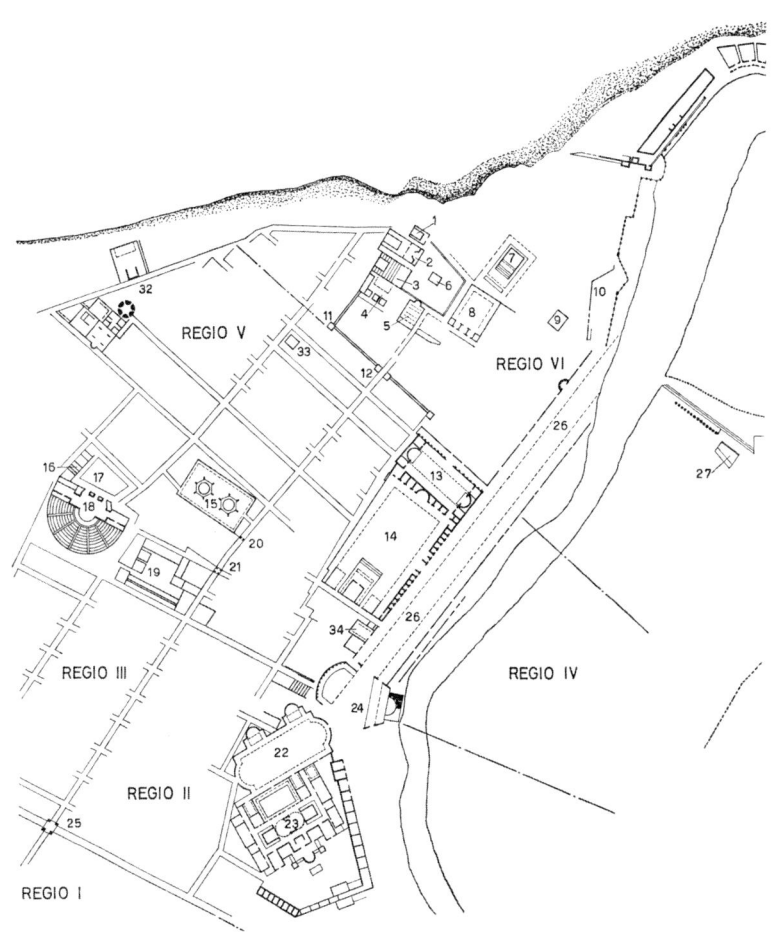

74 – Leptis Magna, Ausschnitt des Stadtplans

die zum großen Teil von italienischen Archäologen ausgegraben worden sind. Gleichwohl liegen noch weite Teile der Stadt, vor allem die Wohngebiete, unter dem Wüstensand. An dem noch bescheiden ausgelegten alten Forum (Abb. 75), nicht weit vom Hafen, wurden in der frühen Kaiserzeit an der nordwestlichen Schmalseite ein stattlicher Tempel für Roma und Augustus sowie zwei Tempel für die heimischen Gottheiten Liber Pater und Hercules errichtet.

Auf der gegenüberliegenden Platzseite standen eine Basilika und schräg dazu eine auffallend große *Curia*. Im 4. Jahrhundert n. Chr. errichteten die Christen dann auf der Westseite eine dreischiffige Kirche.

Der *decumanus* der Stadt läuft vom alten Forum mit einer leichten Krümmung nach Westen. Männer aus führenden Familien hatten bereits im 1. Jahrhundert v. Chr. nicht weniger als drei große Bauten im Stadtinnern errichtet und sich dessen auch stolz mit ihren neopunischen Namen gerühmt. Es handelt sich dabei um das große römische Theater (Abb. 74,18), den Markt mit seinen beiden sechseckigen Verkaufskiosken (15) sowie die *chalcidicum* genannte, mehrfach umgebaute Anlage neben dem Theater (19). Unter den bisher in Leptis Magna ausgegrabenen Thermen gehört die bereits in hadrianischer Zeit errichtete Anlage im Süden zu den größten in den nordafrikanischen Städten überhaupt (23). Sie liegt schräg zum Straßensystem und übernimmt in reduzierter Form ein in Rom für die Trajansthermen (Abb. 44) erfundenes doppelläufiges Raumschema mit einer prächtigen architektonischen Ausstattung. Mit dem eigentlichen Thermenbau verbunden findet man hier eine riesige Palästra (Sport-Erholungs-Areal) mit zwei Anbauten, die schräg ins Straßensystem einschneidet (22).

Die spektakulärsten Bauten aber ließ Septimius Severus als Geschenk für seine Heimatstadt errichten: eine von Arkadengängen gesäumte Prachtstraße (26), ein neues Forum (14), eine neue Basilika (13) sowie ein überaus aufwendiges Nymphaeum, wie man es sonst nur aus wenigen reichen Städten Kleinasiens kennt (24). Die Prachtstraße lief vom Hafen bis zum Platz mit dem Nymphaeum. Die Portiken zu Seiten dieser über 20 Meter breiten Straße besaßen je 125 Säulen aus grünlichem *cipollino*-Marmor, die ein aufgebogenes Gebälk trugen. Das Nymphaeum selbst bildete mit seiner zweigeschossigen Fassade gleichsam den festlichen Rahmen für den Eingang in die Gebäudepracht. Von der Portikus an der Straße konnte man sowohl in das neue Forum als auch in die Basilika eintreten.

Das neue Forum (14) ist ein riesiger Platz von 100 x 60 Metern

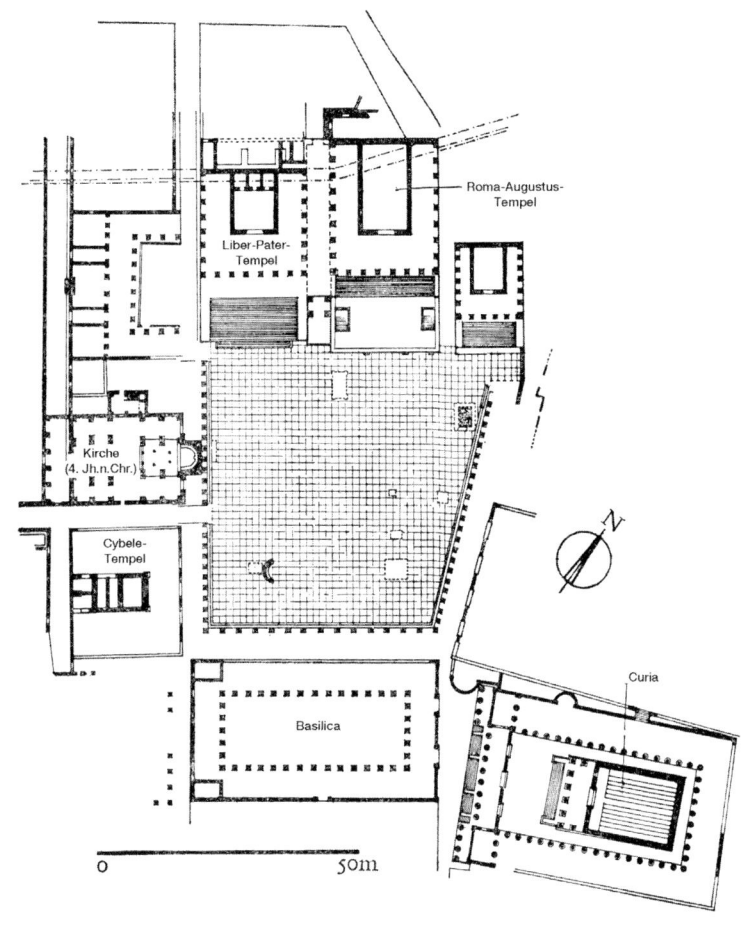

75 – Leptis Magna, altes Forum mit Tempeln und Basilika

Fläche. Es wird von einem auf hohem Podium ruhenden mächtigen Tempel beherrscht, in dem vermutlich das Kaiserhaus verehrt wurde. In seiner Anlage als Tempelplatz erinnert dieses Forum an das Caesar- und das Augustusforum in Rom. Die Ausstattung ist jedoch völlig verschieden von diesen und huldigt einem barocken Stil, der römische Elemente mit solchen von kleinasiatisch-griechischen Großtempeln verbindet. Die Säulen

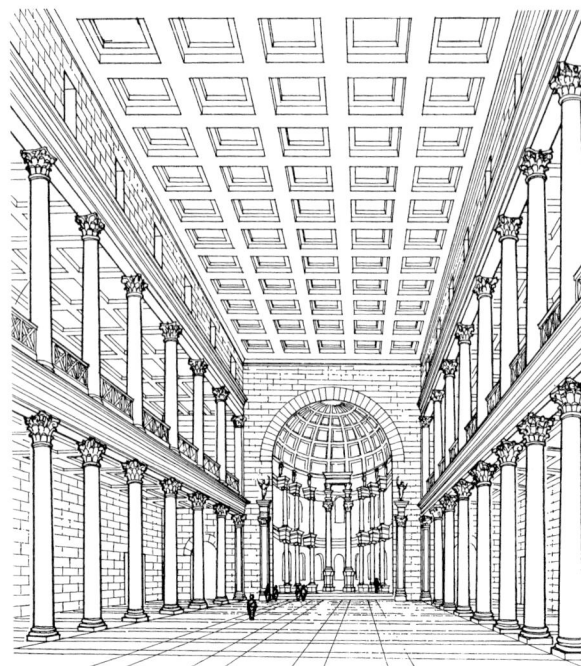

76 – Leptis Magna, große Basilika der severianischen Stadterweiterung

der Portiken aus *cipollino* tragen ein zu Bögen geschwungenes Gebälk, wobei aus den Bogenzwickeln mächtige Protomen mit Medusenköpfen blicken. In den Portiken und auf dem Platz standen zahlreiche Ehrenstatuen, nicht nur für die Kaiser, sondern auch für städtische Magistrate und Bürger. Der gewaltige Tempel selbst öffnet sich in einer feierlichen Vorhalle mit drei Säulenreihen zum Platz. Die Säulen selbst standen wie beim Artemistempel in Ephesos auf Sockeln, die mit Reliefs mit der Darstellung der Gigantomachie verziert waren.

Die Architektur der Basilika zeigte eher noch reichere Formen, vor allem in den beiden Apsiden (Abb. 76, 77). Die Wiederaufrichtung einiger Säulen vermittelt heute wenigstens einen Eindruck von der einstigen Pracht des Architekturdekors, für die man anderswo kaum Parallelen findet; vor allem gilt dies für die acht mit dichten Reliefs verzierten Pilaster.

77 – Leptis Magna, Ruine mit wiederaufgerichteten Resten der severianischen Basilika

Die kaiserzeitliche Stadt scheint ohne große Mauern ausgekommen zu sein. Aber die sich seit dem 4. Jahrhundert n. Chr. mehrenden Einfälle von Wüstenstämmen machten die Errichtung einer Mauer notwendig, die einen Großteil der Stadt einschloss, heute aber kaum mehr sichtbar ist. Gut erhalten sind dagegen die Reste der Notmauer (12), die nach dem Vandaleneinfall unter Justinian im 6. Jahrhundert gebaut wurde. Sie schützte nur noch einen kleinen Teil des ehemals so großen Stadtgebiets mit altem und neuem Forum und dem für die Existenz der Stadt notwendigen Hafen.

6. Trier

Das römische Trier scheint zwar schon unter Augustus gegründet worden zu sein, erlebte jedoch seine erste große Blüte erst im 2. Jahrhundert n. Chr. Die Stadt liegt auf der von Süden nach Norden ziehenden Straße zwischen Metz und Mainz. Von Westen überquert der *decumanus* die Mosel auf einer zum Teil noch

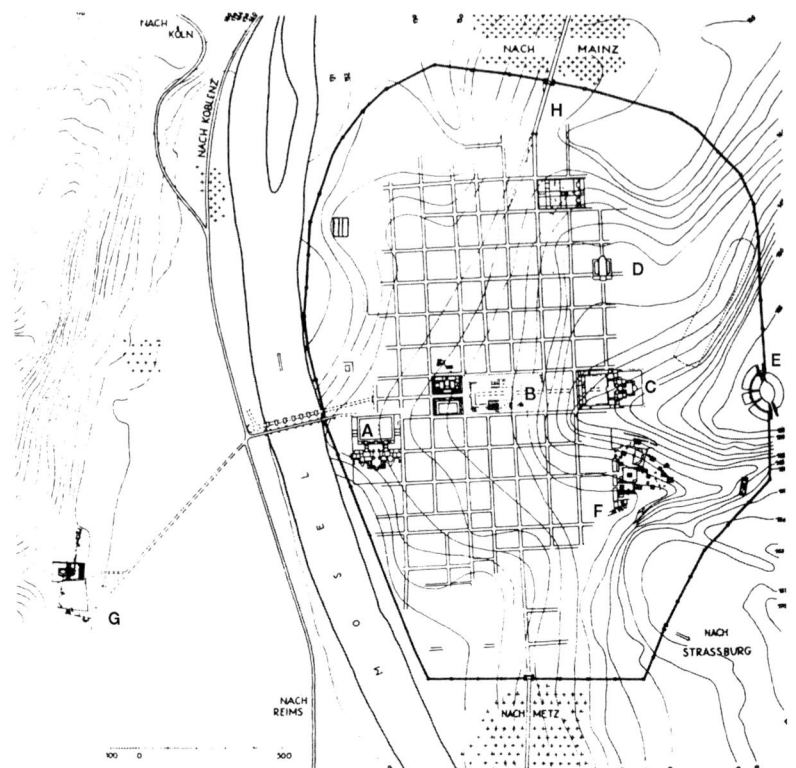

78 – Augusta Treverorum/Trier
A Barbarathermen, B Forum, C Kaiserthermen, D Basilika, E Amphitheater, F keltisches Heiligtum im Altbachtal, G keltisches Heiligtum vor der Stadt, H *Porta Nigra*

erhaltenen Steinbrücke und läuft dann mit einem kleinen Knick direkt auf das Forum zu (Abb. 78). Noch im 2. Jahrhundert n. Chr. wird die weit ausgelegte, über sechs Kilometer lange Stadtmauer erbaut. Die Zugänge zur Stadt sind mit mächtigen Toren geschützt, von denen die bekannte *Porta Nigra* im Norden erhalten ist (Abb. 79). Der Verlauf der Mauer buchtet im Osten stark aus, um das weithin gestreute große keltische Heiligtum im Altbachtal einzuschließen (Abb. 80), eventuell auch den im Ostteil der Stadt vermuteten Circus sowie die Hangseite des bereits im späten 1. Jahrhundert erbauten Amphitheaters. Da offensichtlich auch

79 – Augusta Treverorum/Trier, *Porta Nigra*

das Heiligtum des keltischen Gottes Lenus/ Mars auf der anderen Rheinseite wie das Heiligtum im Altbachtal von den Einwohnern benutzt und gepflegt wurde, darf man annehmen, dass in der Stadt viele der in der Gegend heimischen Gallier wohnten.

Gleich nach der Brücke stößt man auf die gewaltigen Barbarathermen aus dem mittleren 2. Jahrhundert, die mit ihrer Größe von vier *insulae* (ca. 250 × 170 Meter) zu den größten Thermenbauten außerhalb von Rom gehören und üppig mit Marmor und Statuen ausgestattet waren. Das Forum, auf das der *decumanus* dann direkt zuführt, bestand aus drei Raumkomplexen, wahrscheinlich mit einem zentralen Tempel für den Kaiserkult.

Als die Stadt unter Diokletian (284–305 n. Chr.) zu einer der vier Kaiserresidenzen wurde, setzte eine zweite große, wenn auch nicht lange andauernde Bauperiode ein. Damals wurde die sogenannte Basilika als Palastaula errichtet, außerdem die gewaltig ausladenden, wenn auch später reduzierten Kaiserthermen auf der Achse des *decumanus* und bald darauf auch die große konstantinische Kirche im Norden der Stadt. Dazu kamen die nahe der

80 – Augusta Treverorum/Trier, keltisches Heiligtum im Altbachtal

Mosel gelegenen großen Speicherhallen, die wie die Kaiserthermen zeigen, dass man in tetrarchisch-konstantinischer Zeit einen groß angelegten Stadtausbau plante.

Trotz unserer wegen der späteren Überbauungen äußerst lückenhaften Kenntnisse bietet Trier ein eindrucksvolles Beispiel für zwei sprunghafte Erweiterungen, deren erste durch den wirtschaftlichen Aufstieg der Stadt im 2. Jahrhundert veranlasst wurde, während die zweite durch die Einpflanzung der Bauten der Kaiserresidenz erfolgte.

LITERATUR

Es sei ausdrücklich auf das umfangreiche, gründliche Werk von Pierre Gros und Mario Torelli, *Storia dell'urbanistica. Il mondo romano* (Rom/Bari, 2. Aufl. 2007) hingewiesen, in dem der interessierte Leser eine ausführliche Bibliographie auch zu den einzelnen römischen Städten finden kann.

Die römische Stadt

J.-P. Adam, Roman Building. Materials and Techniques (London 2005)
A. Boethius und J. B. Ward Perkins, Etruscan and Roman Architecture (London 1970)
B. Bollmann, Römische Vereinshäuser (Mainz 1998)
M. Clavel und P. Lévêque, Villes et structures urbaines dans l'Occident romain (Paris 1971)
S. De Maria, Gli archi onorari di Roma e dell'Italia romana (Rom 1988)
V. Galliazzo, I ponti romani, 2 Bde. (Treviso 1995)
P. Grimal und G. Woloch, Roman Cities (London 1954/1983)
P. Gros, L'Architecture romaine, Bd. I (Paris 1996), Bd. II (Paris, 2. Aufl. 2006)
P. Gros und M. Torelli, Storia dell'urbanistica. Il mondo romano (Rom/Bari, 2. Aufl. 2007)
S. Hales, The Roman House and Social Identity (Cambridge 2003)
H. von Hesberg, Römische Grabbauten (Darmstadt 1992)
H. von Hesberg, Römische Baukunst (München 2005)
C. Knights, The Space of the Roman Domestic Setting. An Interpretation of Symbolic Content, in: M. Parker Pearson, Architecture and Order. Approaches to Social Space (London 1994), S. 98–112
F. Kolb, Die Stadt im Altertum (München 1985)
R. Laurence und A. Wallace-Hadrill (Hg.), Domestic Space in the Roman World: Pompeii and beyond (Portsmouth/RI 1997)
Th. Lorenz, Römische Städte (Darmstadt 1987)
William L. MacDonald, The Architecture of the Roman Empire, 2 Bde. (New Haven 1982/1986)
G. A. Mansuelli, Topographia, urbanizzazione, cultura (Bologna 1985)
A. Nünnerich-Asmus, Basilika und Portikus. Die Architektur der Säulenhallen als Ausdruck gewandelter Urbanität in später Republik und früher Kaiserzeit (Wien 1994)

C. O'Connor, Roman Bridges (Cambridge 1993)

G. Rickman, Roman Granaries and Sore Buildings (Cambridge 1971)

H. J. Schalles, H. von Hesberg und P. Zanker (Hg.), Die römische Stadt im 2. Jahrhundert n. Chr. (Köln 1992)

P. Sommella, Urbanistica, in: Enciclopedia dell'arte antica, Bd. V, Suppl. II (Rom 1997), S. 894–904

M. Torelli, Tota Italia (Oxford 1999)

J. M. C. Toynbee, Death and Burial in the Roman World (London 1971)

M. Wilson Jones, Principles of Roman Architecture (New Haven/London 2000)

F. Yegül, Baths and Bathing in Classical Antiquity (New York 1992)

A. Zaccaria Ruggiu, Spazio privato e spazio pubblico nella città Romana (Rom 1995)

P. Zanker, The City as Symbol. Rome and the Creation of an Urban Image, in: E. Fentress (Hg.), Romanization and the City. Creation, Transformations, and Failures (Portsmouth/RI 2000), S. 25–41

P. Zanker und H. von Hesberg (Hg.), Römische Gräberstraßen. Selbstdarstellung – Status – Standard (München 1987)

Rom

Allgemeine Literatur

J. Albers, Campus Martius. Die urbane Entwicklung des Marsfeldes von der Republik bis zur mittleren Kaiserzeit (Wiesbaden 2013)

B. Brizzi, Mura e porte di Roma antica (Rom 1995)

M. Cima (Hg.), Le tranquille dimore degli dei. La residenza imperiale degli horti Lamiani, Ausstellungskatalog (Rom 1986)

M. Cima und E. La Rocca (Hg.), Horti romani (Rom 1998)

F. Coarelli, Il Foro Romano, 2 Bde. (Rom 1983/1985)

F. Coarelli, Il Foro Boario, 2 Bde. (Rom 1988)

F. Coarelli, Il Campo Marzio. Dalle origini alla fine della Republica (Rom 1997)

F. Coarelli, Roma (Rom/Bari, 5. Aufl. 2006)

F. Coarelli, Le origini di Roma (Rom 2011)

G. Gatti, Topographia ed edilizia di Roma antica (Rom 1989)

A. Giardina (Hg.), Roma antica (Rom/Bari 2000)

L. Haselberger und J. Humphrey (Hg.), Imaging Ancient Rome. Documentation –Visualisation – Imagination (Portsmouth/RI 2006)

A. T. Hodge, Roman Aquaeducts and Water Supply (London 1992)

H. Jordan und Chr. Huelsen, Topographie der Stadt Rom im Altertum, 2 Bde. (Berlin 1878–1907)

F. Kolb, Rom. Die Geschichte der Stadt in der Antike (München 1995)

Lexicon Iconographicum Urbis Romae, hg. E. Steinby, 6 Bde. (Rom 1991–2000)

E. Nash, Bildlexikon zur Topographie des antiken Rom, 2 Bde. (Tübingen, 2. Aufl. 1972)

E. Rodriguez Almeida, Forma Urbis Marmorea (Rom 1981)

Von den Anfängen bis ins 4. Jahrhundert v. Chr.

M. Albertoni und I. Damiani (Hg.), Il tempio di Giove e le origini del colle capitolino (Mailand 2008)
R. Benedetto, Roma medio-repubblicana, Ausstellungskatalog (Rom 1973)
A. Carandini (Hg.), Roma, Romolo e Remo, Ausstellungskatalog (Rom 2000)
T. J. Cornell, The City-States in Latium, in: M. Hansen (Hg.), A Comparative Study of 30 City-State Cultures (Kopenhagen 2000)
M. Cristofani (Hg.), La grande Roma dei Tarquini, Ausstellungskatalog (Rom 1990)
A. Mura Sommella, Le recenti scoperte sul Campidoglio e la fondazione del tempio di Giove Capitolino, in: Rendiconti della Pontificia Accademia Romana di Archeologia LXX (1997/98), S. 57–79
G. Säflund, Le mura di Roma repubblicana (Roma 1932/1998)
A. Zaccaria Ruggiu, «More regio vivere». Il banchetto aristocratico e la casa romana di età arcaica (Rom 2003)

Spätere Republik und Kaiserzeit

F. Coarelli, L'area sacra di Largo Argentina (Rom 1981)
F. Coarelli, La cultura artistica a Roma in età repubblicana IV–II secolo a. C., in: ders., Revixit ars (Rom 1996), S. 15–84
F. Coarelli, Le Theâtre de Pompée, in: Dialogues d'histoire ancienne 23 (1997), S. 105–124
R. Delbrueck, Hellenistische Bauten in Latium, Bd. I (Straßburg 1907)
P. Gros, Aurea templa. Recherches sur l'architecture religieuse de Rome à l'époque d'Auguste (Rom 1976)
P. Gros, Architettura e società (Rom 1987)
J. H. Humphrey, Roman Circuses (London 1986)
L. C. Lancaster, Concrete Vaulted Construction in Imperial Rome (Cambridge 2005)
J. Le Gall, Le Tibre, fleuve de Rome dans l'antiquité (Paris 1953)
E. Lo Cascio (Hg.), Roma imperiale. Una metropoli antica (Rom 2000)
L. Lombardi und A. Corazza, Le Terme di Caracalla (Rom 1995)
R. Meneghini, I Fori Imperiali e i Mercati di Traiano (Rom 2009)
D. Palombi, Tra Palatino ed Esquilino: Velia, «Carinae», «Fagutal». Storia urbana di tre quartieri di Roma antica (Rom 1997)
Roma. Archeologia nel centro, 2 Bde. (Rom 1985)
Andrea Scheithauer, Kaiserliche Bautätigkeit in Rom. Das Echo der antiken Literatur (Stuttgart 2000)
K. Welch, The Roman Amphitheatre (Cambridge 2007)
P. Zanker, Forum Augustum (Tübingen 1968)
P. Zanker, Il Foro Romano. La sistemazione da Augusto alla tarda antichità (Rom 1972)
P. Zanker (Hg.), Hellenismus in Mittelitalien (Göttingen 1974)
P. Zanker, Der Kaiser baut fürs Volk (Opladen 1997)

Römische Städte in Italien und in den westlichen Provinzen

Für Städte in Italien: Guide archeologiche Laterza (Rom/Bari 1980 ff.)
F. E. Brown, Cosa. The Making of a Roman Town (Ann Arbor 1980)
G. Cavalieri Manasse und E. Roffia (Hg.), Il Veneto nel età romana, Bd. II (Verona 1987)
R. Chevalier, Roman Roads (Berkeley 1976)
La città nell'Italia settentrionale in età romana (Triest 1990)
F. Coarelli, I santuari del Lazio in età republicana (Rom 1987)
F. Coarelli, Colonizzazione e munipalizzazione. Tempi e modi, in: Dialoghi di architettura IX/X (1991/92), S. 21–30
M. Conventi, Città romane di fondazione (Rom 2004)
J. M. David, La romanizzazione dell'Italia (Rom/Bari 2002)
S. De Maria, Gli archi onorari di Roma e dell'Italia romana (Rom 1988)
C. De Ruyt, Macellum (Löwen 1983)
E. Fentress (Hg.), Romanization and the City. Creation, Transformations, and Failures (Portsmouth/RI 2000)
P. A. Février, The Origin and Growth of the Cities in Southern Gaule to the Third Century A. D., in: Journal of Roman Studies LXIII (1973), S. 1–28
P. A. Février, Urbanisation et urbanisme de l'Afrique romaine, in: Aufstieg und Niedergang der antiken Welt X, 2 (1982), S. 321–396
A. Gallina Zevi und A. Claridge (Hg.), Roman Ostia Revisited. Archeological and Historical Papers in Memory of Russel Meiggs (London 1996)
K.-P. Goethert, Römerbauten in Trier (Regensburg 2003)
G. L. Grassigli, Sintassi spaziale nei fori della Cisalpina. Il ruolo della curia e della basilica, in: Ocnus II (1994), S. 79–96
P. Gros, La France gallo-romaine (Paris 1991)
P. Gros, Moenia. Aspects défensifs et aspects représentatifs des fortifications, in: S. van de Maele und J. Fossey (Hg.), Fortificationes antiquae (Amsterdam 1992), S. 211–222
H. Heinzelmann, Zur städtebaulichen Entwicklung von Ostia, in: Acta Instituti Romani Finlandiae 27/1999 (Rom 2002)
H. Heinzelmann, Die vermietete Stadt. Zur Kommerzialisierung und Standardisierung der Wohnkultur in der kaiserzeitlichen Großstadt-Gesellschaft, in: R. Neudecker und P. Zanker (Hg.), Lebenswelten. Bilder und Räume in der römischen Stadt der Kaiserzeit (Wiesbaden 2005), S. 113–128
H. von Hesberg, Sulle colonie romane, in: Römische Mitteilungen XCII (1985), S. 127–168
H. Jouffroy, La Construction publique en Italie et dans L'Afrique romaine (Straßburg 1986)
C. Kleinwächter, Platzanlagen nordafrikanischer Städte (Mainz 2001)
R. Meiggs, Roman Ostia (Oxford, 2. Aufl. 1973)
C. Pavolini, Ostia (Rom/Bari 1983)

J. Ruis de Arbulo (Hg.), Simulacra Romae (Tarragona 2004)
H. J. Schalles, H. v. Hesberg und P. Zanker (Hg.), Die römische Stadt im 2. Jahrhundert n. Chr. Der Funktionswandel des öffentlichen Raumes (Köln/Bonn 1992)
L. Schwinden, Die Porta Nigra, in: H. P. Kühnen (Hg.), Das römische Trier (Stuttgart 2001)
G. Sena Chiesa (Hg.), Tesori della Postumia. Archeologia e storia intorno a una grande strada romana alle radici dell'Europa, Ausstellungskatalog (Cremona 1998)
G. Sena Chiesa und E. A. Arslan (Hg.), Optima Via (Cremona 1996)
S. Settis, Misurare la terra. Centuriazione e coloni nel mondo romano, Ausstellungskatalog (Rom 1983)
P. Sommella, Italia antica. L'urbanistica romana (Rom 1987)
J. E. Stambaugh, The Ancient Roman City (Baltimore/London 1988)
W. Trillmich und P. Zanker (Hg.), Stadtbild und Ideologie. Die Monumentalisierung hispanischer Städte zwischen Republik und Kaiserzeit (München 1990)
J. B. Ward-Perkins, The Severan Buildings of Leptis Magna. An Architectural Survey (Tripolis 1993)
P. Zanker, Pompei (Turin 1993)
P. Zanker, The City as Symbol. Rome and the Creation of an Urban Image, in: E. Fentress (Hg.), Romanization and the City. Creation, Transformations, and Failures (Portsmouth/RI 2000), S. 25–41
G. Zimmer, Locus datus decreto decurionum. Zur Statuenaufstellung zweier Forumsanlagen im römischen Afrika (München 1989)

Spätantike

F. A. Bauer, Stadt, Platz und Denkmal in der Spätantike (Mainz 1996)
G. P. Brogiolo und B. Ward-Perkins, The Idea and Ideal of the Town between Late Antiquity and the Early Middle Ages (Leiden 1999)
N. Christie und S. T. Loseby (Hg.), Towns in Transition. Urban Evolution in Late Antiquity and the Early Middle Ages (Aldershot 1996)
A. Haug, Die Stadt als Lebensraum. Eine kulturhistorische Analyse zum spätantiken Stadtleben in Norditalien (Rahden 2003)
C. Pietri, Roma Christiana (Rom 1976)
B. Ward-Perkins, From Classical Antiquity to the Middle Ages. Urban Public Building in Northern and Central Italy (Oxford 1984)
B. Ward-Perkins, The Fall of Rome and the End of Civilization (Oxford 2005)

BILDNACHWEIS

1. F. Coarelli, Le origini di Roma. La cultura artistica dalle origini al III sec. a. C. (Mailand 2011)
2. G. Lugli, Roma antica. Il centro monumentale (Rom 1946)
3. M. Albertoni, I. Damiani (Hg.), Il tempio di Giove e le origini del colle capitolino (Mailand 2008)
4. E. Nash, Bildlexikon zur Topographie des antiken Rom, Bd. II (Tübingen 1972)
5. A. van der Heyden, Atlas of the classical world (Amsterdam 1959)
6. H. von Hesberg, Zur Plangestaltung der coloniae maritimae, in: Römische Mitteilungen 92 (1985), S. 127–168
7. E. Fentress (Hg.), Romanization and the City. Creation, Transformations and Failures, in: Journal of Roman Archaeology, Suppl. 38 (Portsmouth 2000)
8. G. Cavalieri Manasse, La città nell'Italia settentrionale in età romana (Triest 1990)
9. P. Zanker, Pompeji. Stadtbild und Wohngeschmack (Mainz 1995)
10. R. Mar, J. Ruiz de Arbulo, Ampurias romana. Historia, arquitectura y arqueologia (Sabadell 1993)
11. Fentress (Hg.), Romanization and the City
12. Raccolte Musealii Fratelli Alinari (RMFA) – collezione Palazzoli, Florenz
13. E. Rodriguez Almeida, Forma Urbis Marmorea (Rom 1981)
14. © Photo Scala, Florenz
15. F. Coarelli, Roma (Bari 2012)
16. F. E. Brown, Cosa. The Making of a Roman Town (Ann Arbor 1980)
17. Nash, Bildlexikon, Bd. II
18. F. Coarelli, Rom (Mainz 2000)
19. © ullstein bild – Zentralbild
20. P. Gros, L'Architecture romaine, Bd. I (Paris 1996)
21. Nash, Bildlexikon, Bd. II
22. J.-C. Golvin, Metropolen der Antike (Stuttgart 2005)
23. K. Welch, The Roman Amphitheatre (Cambridge 2007)
24. Zanker, Pompeji (s. o.)
25. Deutsches Archäologisches Institut, Rom (D-DAI-ROM-84.3535)
26. Deutsches Archäologisches Institut, Rom (D-DAI-ROM-75.779)
27. Fentress (Hg.), Romanization and the City (s. o.)

28. H. Kähler, Das Fortunaheiligtum von Palestrina Praeneste, in: Annales Universitatis Saraviensis VII (1958), S. 189–240
29. Gros, L'Architecture romaine, Bd. I (s. o.)
30. Coarelli, Roma (s. o.)
31. P. Zanker, Foro Romano (Rom 1972)
32. R. Meneghini, I Fori Imperiali e i Mercati di Traiano. Storia e descrizione dei monumenti alla luce degli studi e degli scavi recenti (Rom 2009)
33. Meneghini, I Fori Imperiali (s. o.)
34. Meneghini, I Fori Imperiali (nach J. E. Packer)
35. P. Gros, M. Torelli, Storia dell'urbanistica. Il mondo romano (Rom/Bari 2010²)
36. Archiv P. Zanker
37. Nash, Bildlexikon, Bd. I
38. F. Scagnetti, Roma urbs imperatorum aetate (Rom 1985)
39. Deutsches Archäologisches Institut, Rom
40. P. Zanker, Der Kaiser baut fürs Volk (Opladen 1997)
41. W. L. MacDonald, The Architecture of the Roman Empire, Bd. II (Yale 1986)
42. akg-images
43. Welch, The Roman Amphitheatre
44. Deutsches Archäologisches Institut, Rom (D-DAI-Rom-73.1085/Rom, Museo della Civiltà Romana)
45. Zanker, Der Kaiser (s. o.)
46. E. Paulin (1885), in: P. Ciancio Rossetto (Hg.), Roma Antiqua. Grandi edifici pubblici (Rom 1992)
47. G. Gatteschi, La Roma dei Cesari (Rom 1924)
48. U. Rüdiger, Antike Plastik, Bd. XII (Berlin 1973)
49. Rodriguez Almeida, Forma Urbis Marmorea
50. Nash, Bildlexikon, Bd. II
51. K. Gaertner
52. Deutsches Archäologisches Institut, Rom (D-DAI, Rom-88.90)
53. P.-A. Février, Djémila (Algier 1978)
54. Fentress (Hg.), Romanization and the City (s. o.)
55. akg-images/MPortfolio/Electra
56. Gros, L'Architecture romaine (s. o.)
57. Zanker, Pompeji (s. o.)
58. G. Zimmer, G. Wesch-Klein, Locus datus decreto decurionum: zur Statuenaufstellung zweier Forumsanlagen im römischen Afrika, in: Abhandlungen der Bayerische Akademie der Wissenschaften. Philosophisch-historische Klasse, 102 (1989)
59. Gros/Torelli, Storia dell'urbanistica (s. o.)
60. Iberfoto/Archivi Alinari (AIS-F-039420-0000)
61. Soprintendenza Speciale per i Beni Archeologici di Napoli e Pompei
62. akg/De Agostini Picture Library
63. V. Kockel, Ostia im 2. Jahrhundert n. Chr. Beobachtungen zum Wandel eines Stadtbildes, in: H.-J. Schalles (Hg.), Die römische Stadt im 2. Jahrhundert

nach Christus: der Funktionswandel des öffentlichen Raumes (Köln 1992), S. 99–119
64. Gros/Torelli, Storia dell'urbanistica (s. o.)
65. J. M. Macias Sole u. a., Planimetria arqueologica de Tarraco (Tarragona 2007)
66. D. Raventos (Hg.), Tarragona: colonia Julia urbs triumphalis Tarraco (Rom 2004)
67. Gros/Torelli, Storia dell'urbanistica (s. o.)
68. Zimmer/Wesch-Klein, Locus datus decreto decurionum (s. o.)
69. MacDonald, The Architecture of the Roman Empire, Bd. II (s. o.)
70. akg/De Agostini Picture Library
71. C. Poinssot, Les ruines de Dougga (Tunis 1958, Nachdruck 1983)
72. Th. Kraus, Das römische Weltreich (Berlin 1967)
73. Poinssot, Les ruines de Dougga (s. o.)
74. M. F. Squarciapino, Leptis Magna (Basel 1960)
75. A. Boethius, J. B. Ward-Perkins, Etruscan and Roman Architecture (London 1970)
76. Boethius/Ward-Perkins, Etruscan and Roman Architecture (s. o.)
77. Gros, L'Architecture romaine (s. o.)
78. H. Heinen, Trier und das Trevererland in römischer Zeit (Trier 1985)
79. akg-images/Erich Lessing
80. Heinen, Trier und das Trevererland

ORTSREGISTER

(Kursiv gesetzte Seitenzahlen verweisen auf Abb.)

Afrika 115, 138
Alatri 61
Alba Fucens 24
Albaner Berge 52, 60
Albano, Monte 16
Alexandria 33
Ampurias s. Emporiae
Antium 22
Aosta s. Augusta Praetoria
Aquileia 109
Arausio/Orange 101
Ariminum/Rimini 21, 24, 102
Aspendos 112
Athen 43, 52
Augst s. Augusta Raurica
Augusta Praetoria/Aosta 25, 101, 111
Augusta Raurica/Augst 108, 109, 112
Augusta Taurinorum/Turin 103, 103, 111
Augusta Treverorum/Trier 117, 121, 143–146, 144–146

Benevent 21
Bologna s. Bononia
Bononia/Bologna 24
Brescia s. Brixia
Brindisi 21
Brixia/Brescia 104, 105, 108, 111

Capua 21
Cosa 24, 38, 38
Cuicul/Djemila 101 f., 102, 104–107, 107, 111, 116, 120, 131

Delos 58
Dion 42
Djemila s. Cuicul
Dougga s. Thugga

El Djem 114 f., 115
Emporiae/Ampurias 28, 29
Ephesos 142

Fanum 108
Forlì 30

Gaeta 54
Gallien 21, 25

Illyrien 31
Imola 30

Jerusalem 70

Karthago 31, 117, 134, 138
Kleinasien 10, 110, 115, 141
Konstantinopel 82, 83

Lambaesis 131
Latium 14, 17, 20, 22, 39, 58
Leptis Magna 108, 110, 112, 116, 121, 130, 138–143, 139, 141–143
Luna/Luni 23, 24, 104, 108, 111, 113
Luni s. Luna

Merida 112, 116, 130
Minturnae 22, 108, 111

Nordafrika 10, 110, 117, 119, 130, 136

Ortsregister 155

Orange s. Arausio
Ostia 22, 22, 57, 95 f., 98, 109, 111, 116–118, 120, 122–126, *123–126*

Paestum/Poseidonia 28
Palestrina s. Praeneste
Parma 24
Piacentia 24
Pompeji 27 f., *27*, *51*, 52, 55, 57, 85, 104, *106*, 109, 113, *114*, 117, 126
Poseidonia s. Paestum
Pozzuoli s. Puteoli
Praeneste/Palestrina 39, 58–60, *59*, 62
Puteoli/Pozzuoli 22, 109
Pyrgi 23

Rimini s. Ariminum
Rom
– *Amphitheatrum Tauri* 85
– *Anaglypha Traiani* 93, 94
– *Anio Novus* 33
– *Anio Vetus* 32
– *Aqua Claudia* 20, 33, *33*
– *Aqua Marcia* 33
– *Aqua Virgo* 78
– *Ara Maxima* 14
– *Argiletum* 71
– *Arx* 12
– Aurelianische Mauer 94
– Aventin 19, 33, 91, 96
– *Basilica Aemilia* 36, 70
– *Basilica Fulvia* 36
– *Basilica Iulia* 66, 70
– *Basilica Sempronia* 36, 48
– *Basilica Ulpia* 70, 72, 73
– *Campus Martius* 18–20, 40, *41*, 42, 44, 46–49, 63, *65*, 70, 72 f., *75*, 76, 78 f., 87 f., 90, 92, 94
– Circus des Nero 82
– *Circus Flaminius* 40 f., 76, 82, 85
– *Circus Maximus* 14 f., *81 f.*, 81–83, 115
– *Cloaca Maxima* 15
– Columbarium der Vigna Codini 97
– *Curia Pompeiana* 46

– *Domus Aurea* 70, 85, 87, 91
– *Domus Flavia* 91
– *Domus Tiberiana* 91
– Esquilin 12, 33, 71, 92, 96
– *Forum Augustum* 68 f., 69, 71 f., 76, 78, 142
– *Forum Boarium* 12, 14, 20, 33
– *Forum Holitorium* 36, 41
– *Forum Iulium* 47, 48 f., 72
– *Forum Piscarium* 36
– *Forum Romanum* 12, *14*, 36, 37, 38, 47–49, *49*, 66–68, *67*, 71, 93, 94, 104
– *Forum Traianum* 71–73, *73*
– *Forum Transitorium* 71
– Grab der Caecilia Metella 34, *35*
– Heiligtum der Fortuna und Mater Matuta 15
– Heiligtum der Vesta 12
– *Horrea Galbana* 34, 35
– *Horrea Lolliana* 34, 35
– *Horti* des Lucullus 52
– *Horti Maecenatis et Lamiae* 92
– *Horti Sallustiani* 52, 92
– Kaiserfora 68–76, 70, 87
– Kaiserpalast (s. a. Domus Aurea, Domus Flavia, Domus Tiberiana) *81*, 82 f., 91, 115, 145
– Kaiserresidenz s. Kaiserpalast
– Kolosseum *84* f., 84–88, 114
– Konstantinsbogen *84*
– Largo Argentina 43, *43*
– Markussäule *78*, 80, 92
– Marsfeld s. *Campus Martius*
– Mausoleum des Augustus 63, 79, 92
– Mausoleum des Hadrian 79
– *Mercati Traiani* 71 f.
– Nekropole unter St. Peter 97–99, *98 f.*, 118
– Obelisk des Augustus 82
– Obelisk des Constantius 82
– Oppius 87, 91
– Palast des M. Aemilius Scaurus 52
– Palast des Vedius Pollio 96
– Palatin 11 f., 17, 19, 52, 63, *84*, 90–92, 115

- Pantheon 92
- Piazza Navona 81, 83, *83*
- Pincio 46, 92
- *Pons Aemilius* 35, *35*
- *Pons Milvius* 48
- *Pons Sublicius* 14
- *Porticus Absidata* 71
- *Porticus Aemilia* 33, *34*, 35
- *Porticus Liviae* 71, *95*, 96
- *Porticus Metelli* 42
- *Porticus Octavia* 41
- *Porticus Pompeiana* 45 f.
- *Porticus Vipsania* oder *Europa* 78
- Quirinal 12, 15, 71
- *Rostra* 48, 66
- *Sacra Via s. Via Sacra*
- *Saepta* 19, 48, 77
- Servianische Mauer *13*, 18 f., *19*, 94
- Stadion des Domitian *s.* Piazza Navona
- *Subura* 12, 19, 71
- Tabularium 39, *39*
- Tempel der Concordia 38 f., 66
- Tempel der Dioskuren *s.* Tempel des Castor und Pollux
- Tempel der Minerva 12, 70, 71
- Tempel der Pax 70
- Tempel der Venus Genetrix 48, 68, 70
- Tempel der Venus Victrix 44
- Tempel des Apollo Medicus 18
- Tempel des Apollo Palatinus 90
- Tempel des Castor und Pollux 17, 39
- Tempel des Divus Iulius 66
- Tempel des Hercules Musarum 41
- Tempel des Jupiter Optimus Maximus 12, *15*, 16, 42
- Tempel des Mars Ultor 68, 70
- Tempel des Saturn 17, 66
- Tempel des Vespasian 66
- *Templum Pacis* 69–71, 73, 90
- Theater des Balbus 74, 76, 81
- Theater des Marcellus 76, 77, 80, 110
- Theater des Pompeius 44–46, *45 f.*, 49, 76, 80, 110
- Thermen des Agrippa 76, 87
- Thermen des Caracalla 87
- Thermen des Diokletian 75, 87 f., 90
- Thermen des Nero 87
- Thermen des Trajan 88, *88*
- Tiberinsel 48
- Trajanssäule 70–73, 80
- Vatikanhügel 48
- *Via Aemilia* 24, 28, 30
- *Via Appia* 20, 32, 54, *55*
- *Via Aurelia* 21, *23*, 24, 93
- *Via Flaminia* 21, 24, 96, 102
- *Via Sacra* 12, 14, 17
- *Via Tiburtina* 61

Sabratha *111*, 112
Saepinum 102
Sarsina 57, *57*
Sena Gallica 24
St. Rémy 55
Syrakus 31

Taormina 112
Tarent 20 f.
Tarracina 22, *22*
Tarraco/Tarragona 116, 120, 128–130, *128 f.*
Tarragona *s.* Tarraco
Thamugadi/Timgad 104, 116 f., 120, 130–134, *131–133*
Theben (Ägypten) 82
Thugga/Dougga 116, 120, 134–138, *135–137*
Tibur/Tivoli 39, 58, 60, *61*, 62
Timgad *s.* Thamugadi
Tivoli *s.* Tibur
Trier *s.* Augusta Treverorum
Turin *s.* Augusta Taurinorum

Veji 16, 18
Vercelli 44
Verona 25 f., *25*, 101, 104, 108, 112, 115

Ortsregister   157

Kultur und Geschichte Roms bei C.H.Beck

Alexander Demandt
Der Fall Roms
Die Auflösung des römischen Reiches
im Urteil der Nachwelt
2., aktualisierte und erweiterte Auflage. 2014.
720 Seiten. Leinen

Christoff Neumeister
Das antike Rom
Ein literarischer Stadtführer
2010. 329 Seiten mit 77 Abbildungen.
Beck Paperback Band 1709

Volker Reinhardt
Geschichte Roms
Von der Antike bis zur Gegenwart
2008. 128 Seiten mit 9 Abbildungen und 7 Karten. Paperback
C.H.Beck Wissen Band 2325

Andreas Tönnesmann
Kleine Kunstgeschichte Roms
2002. 288 Seiten mit 70 Abbildungen,
davon 40 in Farbe und 1 Stadtplan. Klappenbroschur

Paul Zanker
Die römische Kunst
2007. 127 Seiten mit 82 Abbildungen, davon 5 in Farbe. Paperback
C.H.Beck Band 2552

Roberto Zapperi
Alle Wege führen nach Rom
Die ewige Stadt und ihre Besucher
Aus dem Italienischen von Ingeborg Walter
2013. 256 Seiten mit 29 Abbildungen. Gebunden

Alte Geschichte bei C.H.Beck

Werner Dahlheim
Die Welt zur Zeit Jesu
3. Auflage. 2013. 492 Seiten mit 50 Abbildungen,
11 Karten, davon 2 in Farbe sowie 2 Zeittafeln. Gebunden

Armin Eich
Die römische Kaiserzeit
Die Legionen und das Imperium
2014. 304 Seiten mit 10 Karten. Klappenbroschur
Beck Paperback Band 6155

Martin Jehne
Die römische Republik
Von der Gründung bis Caesar
3., durchgesehene Auflage. 2013. 128 Seiten mit 2 Karten. Paperback
C.H.Beck Wissen Band 2362

Ralf von den Hoff / Wilfried Stroh / Martin Zimmermann
Divus Augustus
Der erste römische Kaiser und seine Welt
2014. 344 Seiten mit 74 überwiegend farbigen Abbildungen, 2 Plänen und 1 Karte. Gebunden

Jürgen Leonhardt
Latein
Geschichte einer Weltsprache
2. Auflage. 2011. 340 Seiten mit 20 Abbildungen und 3 Karten. Gebunden

Paul Zanker
Augustus und die Macht der Bilder
5. Auflage. 2008. 369 Seiten. Broschiert